滿宮殘照記

溥儀在滿洲國

秦翰才原著、蔡登山主編

導讀 秦翰才和《滿宮殘照記》

蔡登山

秦翰才（一八九五～一九六八），名之銜，字又元，號翰才，上海人。聰穎好學，就讀三林學校、省立松江第三中學，學業名列前茅。畢業後，經黃炎培介紹任江蘇教育會文書，一九一七年後轉入上海中華職業教育社總務科任秘書、通訊主任。一九二七年後，受黃伯樵之聘為上海市公用局秘書科長，後隨黃伯樵轉為「兩路局」（京滬、滬杭甬鐵路管理局）秘書，主辦文書檔案管理。抗日戰爭爆發後，隨局內遷。在重慶任交通部專員。一九三九年夏，應原上海市工務局長沈怡之邀，赴香港參加編纂《中國經濟建設資料》。一九四二年秋，赴蘭州甘肅水利林牧公司任主任秘書。一九四五年抗戰勝利後，為上海中國紡織機器製造公司秘書處長，一九五五年退休。一九五六年十月，被上海市人民委員會聘為上海市文史館館員。

秦翰才治學勤奮嚴謹，譯介西方學術以切於實用者為主，在省教育會、中華職業教育社工作時，隨襟兄劉人法學英語，不數年，先後譯出《巴黎和會秘史》、《英國海軍秘史》，並協助黃炎培編譯《美利堅之中學》、《歐美職業教育》。又繼承秦氏家學，留意地方人物掌故，精研文史。一生注重搜集、研究清代左宗棠資料，搜集、整理、抄錄歷代名人年譜，鄭逸梅的《藝林散葉》稱：「翰才早有左癖，後有譜癖。所謂左癖者，搜集左宗棠史料；所謂譜癖者，搜集古今中外年譜」。

秦翰才早年受二伯錫圭影響，對左宗棠的愛國思想和在西北的建樹尤感興趣。後在漢口、長沙、香港等地隨時搜集有關資料，到蘭州後，更深入搜集、踏勘，終於一九四四年寫成約二十萬字的《左文襄公在西北》，次年由重慶商務印書館出版。後又撰成《左宗棠全傳》、《左宗棠外記》、《左宗棠逸事彙編》等稿，成為國內左宗棠研究的開拓者。秦翰才搜求歷代人物年譜，不惜時間、財力，原以五百種為目標，後改以一千種，實現後，自署「千譜樓主」。此後更樂此不疲，經親手整理彙集的年譜達二千零九十餘種，成為國內有數的年譜收藏家。有書商高價收購，堅不為動，他逝世後，一九八二年尤其子女秦曾志、秦曾期、秦小猛遵照遺願，將家藏年譜和左宗棠資料悉數捐獻上海圖書館。

《滿宮殘照記》的寫作機緣，是因為一九四五年八月日本戰敗無條件投降，秦翰才接到新的任命，去東北大連協助新任命的市長建立大連市政府。在從重慶經北京到大連的旅程中，因國共兩黨在東北開始交戰，秦翰才兩次受阻於長春。長春一度曾是傀儡政府「滿洲國」的京都，那裡曾有末代皇帝溥儀的皇宮。在長春受阻的兩個月內（一九四六年一月二十四日至同年三月二十一日），秦翰才五次去溥儀的皇宮，把散落在地上的紙片、照片、信件、書籍、帳冊一一收集起來，為計畫書寫有關溥儀文稿搜集資料。一九四六年四月二十六日，秦翰才回到上海，並接任中國紡織機械公司職務。他利用公餘的分秒時間，在兩個月內完成了有關溥儀的著作。他在前言中寫道：「我五遊滿宮，都在下午三時左右。其地在市塵之外，積雪籠罩了一切，車馬之聲幾絕，雞犬之聲無聞，固已寂寥如墟墓。其時又值冬天晷短，西邊黯淡的斜日，格外映出一片淒涼景色。這些都正是象徵了滿洲國的末日，所以這書也就叫做《滿宮殘照記》了。」該書於一九四七年出版。由於得見溥儀的收藏與家信，再經實地調查、人物訪問、記錄徵取等工作，這書成為溥儀在「滿洲國」相當權威之作。

例如《滿宮殘照記》書中記載，溥儀的皇后婉容：「皇后閨名鴻秋，英文名伊利沙白。中英文學問都不差，還能繪幾筆畫。夫妻感情原是很好，但在康德元年（一九三四）以後，逐步惡化。後有抽大煙的嗜好，吾們從康德五年（一九三八）七月十六日到六年（一九三九）七月十日的一本《細流水帳》上，見到她前後共買益壽膏七百四十兩，平均每天約吸二兩。康德五年（一九三八）十月十二日，購煙斗兩個，每個一元七毛，計三元四毛；燈罩一個，計二元五毛；煙釬子十三支，每支一元二毛，計十五元六毛。后的煙具，就這般購之市上，似乎很不講究。抽大煙的，同時必吸捲煙，后也不能例外。在同一本《細流水帳》上，前後共買各種捲煙三萬零四百三十支，平均每天要吸八十五支。或者說，實在后所抽大煙和捲煙沒有這末多，其中給裝煙的太監們揩油去的，也著實不少。不過后痼癖之深，幾至終日不能下床，確是實情。據說后又害目疾，幾致失明。故凡遇國家大典，後就不能參加，大家也不知道滿洲國還有一位皇后。又一說，有一年冬，溥儀要借避寒為名，把后送往旅順軟禁起來，給宮內府次長入江貫一知道了。入江是日本宮內省的老吏，依他日本人的見地，認為皇帝應有皇后，皇后應和皇帝同居，堅決反對，因此沒有成為事實。皇后方面當然也有表示，這可從三格格給溥儀的報告中窺見一斑：

……關於趙欣伯之妻所述后之事，詳稟於左：趙妻赴日前，曾謁見后。后見彼將與分離，極悲，並託彼轉告日方，請後來日養病。后云：「為什麼別人都得自由，獨我不能自由？」趙妻果欲託日人請后東渡。莉極阻之，告彼：「后之地位與常人異，不自由為當然之事。如不信，請看日后亦然。」趙妻以莉語為然，想不致生出若何枝葉。彼言：「后近日多病，彼不能詳知，因日人阻其見后，所以三餘月來未至府請安。」莉聞此種種話，知其為人，因遠而拒之。

這是大同二年（一九三三）十月間之事。」

婉容出身官宦家庭，從小知書達理，容貌端莊秀麗、清新脫俗。一九二二年被選入宮，成為皇后。後來被打入冷宮的婉容一舉一動都受到監視，甚至連親人都不能見面，可憐的婉容只好整日以煙為伴，煙毒日深，處於一種慢性自殺的狀態。據見過的人描述，在婉容居住的地方，濃重的鴉片味讓人喘不過氣來，「那裡的空氣彷彿可以用刀割開」，可以想像到那種整個房間都在冒煙的場景……據《滿宮殘照記》記錄，婉容皇后十年間前後共買了煙捲三萬零四百三十支，平均每天要抽八十五支，表面上婉容的經費不少，但實際上她把大部分的錢都用在了鴉片上，實際用於生活的部分微乎其微。經受著毒品的無情摧殘和長期的營養不良，婉容不但精神崩潰了，身體也垮掉了，以至於連走路都不能走，眼睛也近乎失明。溥儀的三妹——三格格韞穎，英文名「Lily」（莊士敦題贈）莉莉、琍琍，她的婚事是由溥儀指定，同皇后婉容的弟弟潤麒訂親。後來婚禮在滿洲國新京（今長春）舉行。兩人婚後不到一個月，溥儀派就溥傑和潤麒赴日本學軍事，韞穎也隨同前往。一九三三年八、九月間，偽滿立法院院長趙欣伯（一八九〇～一九五一）的妻子耿碧琰（原名耿維馥）赴日，婉容曾託她幫忙逃到日本。耿碧琰到達日本後，見到了正在那裡讀書的妹韞穎，便把此事講給她聽，並把自己準備幫婉容的打算也一併說出。韞穎聽後，連忙阻止。事後，韞穎就給溥儀寫信如實彙報，但沒有材料得知溥儀對此作出什麼反應。婉容東渡日本的願望是一種不切合實際的空想。退一萬步講，即使婉容東渡成功，又怎能獲得她想要的自由呢？婉容逃離長春未成，政治上的壓力和精神上的苦悶，逼得她只好用鴉片麻痹自己，甚至私通溥儀的隨侍，最後被長期監禁，成了精神病患者，結局悲慘。

曾任日本關東軍司令官的本庄繁替溥傑找了個貴族的女兒做妻子。侯爵名叫嵯峨勝；他的女兒叫浩子。一九三七年四月初，溥傑與嵯峨浩子在東京結了婚。三格格韞穎在寫給皇上哥哥的家書中，也有這樣的描寫：

……我君諭示云云，對傑實可謂對症下藥，謹當銘心識之，絕不願再踏太阿倒持之覆轍也。幸浩（嵯峨浩子）之為人，較諸前者，顯明大義。當言及我君時，輒肅然正襟。當瞻拜御容，輒立起瞻仰。即對莉莉，亦有禮有情。如莉莉穿鞋時，立將鞋把子遞過。諸事皆怡聲請教，總自懼有失我國之禮等。傑睹之，殊覺痛快也。現時常向傑通信，有時亦常見，然絕不似時下摩登輕佻之流，作肉麻態，如電影然。總是情禮並重，如規傑少飲酒，保身體，及勿吸最賤之煙等，皆使傑得一種精神上強有力之安慰。且常識絕不似奎垣之妻之流，卑俗俚野，如老媽子然也。每事必請示於傑，得允許，始行之。又如上次見時，談笑頗暢。次日，即來函告罪言：昨夕因過於愉快，致騷笑過度，務請勿怪，此後當做淑靜態度，再不敢如此輕浮也。云云，似此等事甚多，皆前者所絕無之處也……（康德四年——一九三七——二月十日）

信中說嵯峨浩子頭一晚聊天時「談笑頗暢」，第二天就寫信來道歉說昨天因為太高興了，以致「騷笑過度」，請求原諒，「此後當做淑靜態度，再不敢如此輕浮也。」從這種有趣的斷簡中，我們可以看到日本女人的偽善，和他們的思想。而當溥傑與嵯峨浩子結婚一個月以後，關東軍所選擇的「國務總理」

張景惠，通過了一個名為「帝位繼承法」的法案，規定「皇帝死後，由子繼之；如無子，則由孫繼之；如無子無孫，則由弟繼之；如無弟則由弟之子繼之。」說得明白些，日本要一個日本血統的「滿洲國皇帝」，也就是由嵯峨浩子的兒子來繼承大位。

韞穎在日本時常寫信給大哥溥儀，文字流暢調皮。溥儀把信函裝訂成冊，這些信後來就收入於《滿宮殘照記》中。潤麒在日本軍校畢業後和韞穎回長春定居。潤麒在滿洲國高等軍事學校任中校教官。日本投降，蘇軍接管東北，兩人失散。韞穎將十幾箱珠寶全部上繳，與兩子一女住在吉林通化，靠收破爛、擺地攤及鄰里接濟維生。一九四九年回到北京，由於她識字而成為街道治保主任。一九五四年，中央文史研究館館長章士釗和友人同逛舊書攤，偶見《滿宮殘照記》，內收有當年韞穎在日本時寫給溥儀的信。章士釗乃經載濤介紹見到了韞穎，並要韞穎寫一份自述，由章士釗呈送毛澤東。毛澤東在韞穎的自述後寫下：「走進了人民群眾變成了一個有志氣的人。」毛澤東批示後送交周恩來，考慮是否酌情處理。不久，韞穎就被安排為北京市東城區政協委員，生活得到很大改善。一九五六年，又經毛澤東批准，韞穎和七叔載濤等赴撫順戰犯管理所看望了溥儀。當然這是後話。

目次

一、讀罷《宣統政記》

民三十四年（一九四五）十一月三日，我第一次到長春（滿洲國的首都，叫做新京），二十二日匆匆回北平，大好光陰閒裡過，所見到的只是到處掛著蘇聯國旗和紅布標語之類，聽到的只是一片「上高」之聲（蘇聯盟友說「頂好」，國人隨口效之），此外可說一無所得。三十五年（一九四六）一月二十四日，我第二次到長春，因為仍閒著沒事，買了一部《宣統政記》來讀。其時（一九〇九～一九一一）清政府正積極經營東三省，練新兵，造武器，築鐵路，開海港。這位宣統帝，便是後來做滿洲國傀儡的溥儀；而第一位的滿洲國務總理鄭孝胥，也曾在當初參加這種經營工作。撫今追昔，溫故知新，實在不勝感慨之至。《政記》讀完，聽到滿洲宮廷開放，先去逛了一次。又從朋友處見到溥儀收藏的圖書字畫目錄、溥儀弟妹的家信，還有許多從宮中流出的文物珍玩。於是動了一個給溥儀的一人一家寫成一本書的念頭，也就作為一種客中的消遣。接著便認真搜集資料。不料三月二十二日又匆匆離開長春。在錦州住了兩夜，二十四日到山海關，登關認看關下的滿洲國界（按：民二十二年（一九三三）五月三十一日塘沽停戰協定成立，次年一月一日，日本便硬把原屬河北省臨榆縣的第一區和第五區——城東區域——劃歸滿洲國，列入奉天省的綏中縣）。二十五日到北平，令人想起溥儀做宣統帝時的禁城。三月六日到天津，又令人想起這是溥儀做過寓公的舊地。二十四日回抵上海，溯從民二十六年（一九三七）十月開始飄流到後方，離家實已八年有半。過了一個多月，終於把這書寫成，而回首長春，又經過了一個滄桑之變。

現在先說這書所據的材料的來源。

第一，是實地調查所得：

三十五年（一九四六）二月五日　在滿宮（一般人叫做宮內府）。

二月七日　在滿宮。

二月二十二日　在滿宮。

三月二日　在滿宮。

三月五日　在滿宮。

三月十四日　訪般若寺明賢貴妃殯宮。

三月六日　過杏花村新宮基址。

以上除二月二十一日和三月十四日外，都是和許大盧君新民同行。三月初旬路過天津，又在舊日本租界認看溥儀所住過的地方和他所有的房產。

第二，是人物訪問所得：

一位最後任的宮內府某處處長。

一位侍從武官。

三位宮內府中級屬官，其中一位曾調在內廷司房做事。

兩位曾和宮中有往來的商人。

此外還託人訪問了兩位溥儀的懿親。在北平時，又託人訪問了兩位溥儀的宗人。他們的姓名，或許不樂意在我這本書上公開發表，所以我就不說。

第三，是記錄徵取所得：

△書籍簿四本

第一冊總目，康德十二年（一九四五）五月十五日止。第二、三、四冊細目，另第二冊一本

△御筆手卷冊頁掛軸簿一本

手卷二十號，康德八年（一九四一）八月二十六日止。冊頁十三號，康德九年（一九四二）一月二十七日止。掛軸一百十號，康德七年（一九四〇）九月二十三日止。

△新舊手卷冊頁掛軸簿一本

手卷新七號，康德六年（一九三九）二月二十八日止；舊五十五號，康德五年（一九三八）一月二十六日止。冊頁新二十二號，康德九年（一九四二）九月十四日止；舊十六號，康德八年（一九四一）一月二十三日止。掛軸新九十七號，康德十一年（一九四四）十二月三十日止；舊三十二號，康德八年（一九四二）十月六日止。

△日本手卷冊頁掛軸簿一本

手卷三十號，康德五年（一九三八）十二月十四日止。冊頁二十二號，康德九年（一九四二）九月十四日止。掛軸九十九號，康德九年（一九四二）三月四日止。

△裝釘報本簿一本

大同元年（一九三二）五月份至康德元年（一九三四）七月份。

△主了銀器簿記一本

上字銀器號四十一號，康德元年（一九三四）七月十九日止。

△銀器金器簿一本

銀器一百二十二號，康德十二年（一九四五）二月五日止。金器三號。

△如意簿一本

九十九號，康德十二年（一九四五）二月五日止。

△陳設簿一本

三百六十九號，康德元年（一九三四）五月二十四日止。

△衣料簿記（主上）一本

五百七十六號，大同元年（一九三二）十二月十五日至康德五年（一九三八）四月二十九日。

△被褥枕簿一本

被褥四十八號，康德八年（一九四一）七月三十日止。枕十六號，康德十年（一九四三）八月二十八日止。

△圍巾皮帶手絹手套襪子褲衩簿一本

圍巾，康德七年（一九四〇）十二月八日止。皮帶，康德十年（一九四三）七月二十二日止。手絹，康德二年（一九三五）十一月二十一日止。手套，康德九年（一九四二）二月二十七日止。襪子，康德十年（一九四三）九月十七日止。褲衩，康德七年（一九四〇）八月二十二日止。

△地毯靠墊簿一本

地毯五十二號，康德五年（一九三八）十月十八日止。靠墊五十四號，康德八年（一九四一）九月二十七日止。

△另一本

地毯五十一號，康德四年（一九三七）三月十七日止。靠墊五十四號，康德九年（一九四二）六月五日止。

△手杖弓箭簿一本

手杖二十四號，康德二年（一九三五）九月二十一日止。弓箭五號，康德二年（一九三五）八月十日止。

△另一本

手杖二十三號，無弓矢。

△話匣及無線電簿一本

話匣，康德五年（一九三八）十一月二十六日止。

△運動具玩物簿一本

運動具三十二號，康德六年（一九三九）十月十七日止。玩具九十號，康德七年（一九四〇）九月二十六日止。

△像片玻璃版簿二本

一呎二吋，康德八年（一九四一）三月止。八時，康德五年（一九三八）四月一日止。六時，四時，膠片，康德三年（一九三六）十月止，接第二冊，康德四年（一九三七）二月二十七日止。

△另第二冊一本

膠片，康德三年（一九三六）十二月止。

△雜物紀念章電燈簿一本雜物二百五十七號，康德十一年（一九四四）九月一日止。紀念章二十號。電燈二十六號，康德元年（一九三四）十月九日止。

△藥品簿一本

康德八年（一九四一）四月十一日止。行邸原存物品清冊一本二百八十三款。

△眼鏡簿一本

康德二年（一九三五）三月八日止。

△記事簿一本

康德二年（一九三五）九月八日至三年（一九三六）五月九日。

△又一本

康德十年（一九四三）一月三日至十二年（一九四五）八月十日。

△傳差草記第十八冊一本

康德五年（一九三八）二月五日至二十七日。

△天氣晴雨簿一本

康德三年（一九三六）一月一日至康德五年（一九三八）二月九日。

△上傳賞罰簿第三冊一本

康德二年（一九三五）十二月二十八日至三年（一九三六）八月一日。

△進奉簿一本
大同元年（一九三二）七月五日至二年（一九三三）一月十六日。
△又一本
康德元年（一九三四）五月十五日至二年（一九三五）五月十七日。
△收信簿一本
康德元年（一九三四）六月十三日至五年（一九三八）六月六日。
△收信檢查簿一本
康德二年（一九三五）九月十四日至十月十二日。
△簽名簿一本（掌禮處集）
康德二年（一九三五）至七年（一九四〇）。
△訪日宣詔紀念日參賀簽名冊
康德五年（一九三八）。
△上用出入銀錢流水帳一本
大同元年（一九三二）五月二十八日至八月十三日。
△內廷匯款簿一本
康德七年（一九四〇）七月十七日至康德十年（一九四三）三月。
△膳房日用簿第七冊一本
康德元年（一九三四）十二月一日至二年（一九三五）三月三十一日。

△又第十三冊一本
康德三年（一九三六）六月至八月三十日。
又第十八冊一本
康德四年（一九三七）七月十一日至十月十日。
△洋膳房日用簿第二十冊一本
康德五年（一九三八）九月十一日至十二月三十日。
△細流水帳一本
康德五年（一九三八）七月十六日至六年（一九三九）九月十日。
△淨存內用收據粘存簿第一冊一本
康德元年（一九三四）七月十二日至二年（一九三五）三月。
△近侍處日記一本
康德六年（一九三九）元旦至十四日。附壬午（康德九年〔一九四二〕十二月二十二日）至甲申（康德十一年〔一九四四〕十二月三十日）祭祀記錄。
△溥佳日記一本
康德七年（一九四〇）。
△溥佳妻日記二本
康德五年（一九三八）、六年（一九三九）。

△毓崇日記一本（內有裁去的）

康德七年（一九四〇）。

△毓嶦日記一本

康德十二年（一九四五）。

△溥傑三格格潤麒信第四冊、第十冊二本

大同二年（一九三三）七月至十月。康德三年（一九三六）十月至四年（一九三七）五月。

△溥修信第一冊一本

康德五年（一九三八）三月至十一年（一九四四）六月。

△內廷司房函電稿粘存簿二本

康德七年（一九四〇）五月五日至八年（一九四一）七月十三日。八年（一九四一）七月十一日至九年（一九四二）十一月二十一日。

其他零星案卷和刊印書冊，將在後文引證時分別注明，這裡不及逐一備載。這些記錄，都就在長春摘抄（錯誤脫落的字句，都照舊不改，保存真相）。其時我住滿炭大樓四〇〇號，後移四〇七號，及動身到錦州，因飛機限制攜帶東西，只好留在四〇七號。此刻已存亡莫卜。這座滿炭大樓，曾是國民政府軍事委員會委員長東北行營所在，也曾是中國共產黨東北政治局所在。

再說，這本書大部分是於北平和天津削稿。北平是在錢糧胡同九號，傳說川島芳子曾在那裡住過；天津是在鐵路招待所三號，這原是一家日本旅館，叫做橘莊。雪泥鴻爪，也值得一記。

如上所說，我寫這本書的動機，只預備記述溥儀一人一家之事。所以關於滿洲國政治問題，避去不談。也因為這是範圍太大了，不知從何說起，而在我也沒有興趣。然而光是溥儀一人一家之事，因限於手頭所有材料，也不過一鱗一爪罷了。

記述溥儀的書，就我所知，有英人莊士敦（Johnston）所作《Twilight inForbidden City》；美人德菱郡主（滿族女子嫁與美國人）所作《亨利溥儀傳》（良友譯印本）；到滿洲國後，先有胡嗣瑗的《執政起居恭紀》，沈瑞麟的《今上起居恭紀》、《皇上乾德恭紀》，更把這三篇再加上張景惠所作廣播詞和林出賢次郎所作記事，合印一書，叫做《今上聖德記述纂要》；又有日本人中保與作所作《滿洲國皇帝》；滿洲國倒後，則有《裕仁與溥儀》一書。我於以上各書，除莊士敦所作沒有寓目外，都曾看過。但這本書幾全憑我所得材料寫成。

滿洲國是偽組織，大同和康德是偽年號，溥儀是偽執政、偽皇帝，鄭孝胥之流也是漢奸，是叛逆。人們在文字上的表示，照例冠上「偽」、「逆」等字樣，或在他們名稱上加上一個符號。但我寫這本書，為求行文的便利，就沒有來這一套。好在他們的奸偽叛逆，早被認定，更沒有再加形容的必要。

我五遊滿宮，都在下午三時左右。其地在市廛之外，積雪籠罩了一切，車馬之跡幾絕，雞犬之聲無聞，固已寂寥如墟墓。其時又值冬天晷短，西邊黯淡的斜日，格外映出一片淒涼景色。這些都正是象徵了滿洲國的末日，所以這書也就叫做《滿宮殘照記》了。

二、滿洲的老祖宗

滿洲的老祖宗的來歷，是一個神話。《清文獻通考》和《東華錄》都有記載。有一部小說叫做《福昭創業記》的，那首回「朱果徵祥，三仙綿奕葉」，便是描寫這一個神話，現在把他抄在下面：

> 卻說滿洲第一大山，名曰長白。高二百餘里，綿亙千餘里。其龍脈一支至興京；一支至旅順，越海伏行，直到山東境界，和泰山連為一氣。這樣大山，自然鍾靈毓秀，足以產生偉大英雄。山之周圍皆為茂密森林，參天翳日，山上積雪終年不化。可是最奇怪的，山上有一湖，水清潔異常，名曰布勒瑚里湖，俗曰天池。這天池地方，在當時是人跡罕到的地方，池上不時有神仙往來。也不知是什麼時代，天池之上，忽然自天降下三位天女，是姊妹三人：長曰恩古倫，次曰正古倫，季曰佛庫倫。三女來蹤雖不可知，但按神話講起來，一定不是偶然的事。他們和吾們腦筋中所想像的神仙不一樣。她們每人都有極其健康的體格，莊嚴富麗的相貌。她們赤著自然的天足，穿著自織的衣裳，拖著又黑又長的頭髮，戴著山上採集的花冠。她們姊妹在長白山中，不知住了若干年，每日乘雲御風，遨遊嬉戲，並且時時在天池游泳，說不盡逍遙自在。這日，她們正在天池中澡浴，忽見飛來一雙神鵲，銜著一枚朱果，飛到岸邊，把朱果置於季女佛庫倫的衣上。那神鵲完了它的使命，便飛鳴而去。這時佛庫倫見了那鮮美的朱果，便連忙由池內泳到岸邊取了朱果，天

香撲鼻，不覺放入口中，一吞而下。那裡知道自從佛庫倫吞了這枚朱果，她的身子卻一天比一天重起來，她十分驚懼，因為她們是仙人，飛升自在，如今身子癡重，好像有了娠孕，豈不要墜落凡塵？沒法子，只得把吞果有娠之事，告之恩古倫和正古倫二位姊姊。她二人見說，心裡早已明白，因向佛庫倫安慰道：「無憂，吾等皆仙人，此天授爾孕，俟分娩後，再圖相聚。」從此佛庫倫獨在山中，未幾產一男，生而能言，體貌奇異。佛庫倫加意撫養，及至長大成人，真是亭亭一表，偉然丈夫。佛庫倫因把朱果受娠之事，向兒子說了一遍，並且說：「汝姓愛新覺羅，名布庫哩雍順。天生汝以定亂國，其往治之。」囑告已畢，遂把布庫哩雍順引至一河，早已備妥一小舟，使乘之曰：「汝順流而下，自有人迎汝。」佛庫倫遂復飛升而去。雍順坐在舟中，聽其自行，卒至一地，乃棄舟登岸，折柳及蒿以為坐具，已乃端坐其上。這時，此地有三大姓，彼此爭為雄長，天天打仗，沒有安寧日子，人民甚以為苦，總想得一能人平定亂事，以為共主。這日，忽有人到河邊取水，瞥見雍順相貌堂堂，人物出眾，大驚，跑去歸告族人曰：「汝等不必再搗亂了，方才我到河邊取水，見一男子相貌非凡，一定不是尋常人，也許天生此人，造福百姓，快去看看吧！」眾人見說，連忙跑到河邊去看，大家一見之下，也以為奇，因問曰：「兀那漢子那裡來的？這裡一向不見有你。」布庫哩雍順答曰：「我天女所生天男，天生我以定汝等之亂。」眾見說，相信雍順非凡人，必有來歷，因為天池神女，眾所熟聞；再說雍順相貌不俗，必是天生豪傑。當下眾人商議：「我等兵連禍結，始終沒甚頭緒，如今天降聖人，我等當迎為國主，從此息爭，不亦善乎？」眾從之。於是眾人把雍順舉起歡呼，迎到家中，妻以女，奉為貝勒。從此三姓之人再不打仗，大家皆聽雍順號令。雍順既然坐了國主，遂以長白山北俄朵裡城為定居，創立章程，教民耕種射獵之法。時有一種怪獸，名為馬虎，為害牧畜小兒，雍順以楛矢射殺之，民益感德。滿洲之始基，實肇於此。

從雍順起，不知經過了多少年，到孟特穆，移居薩滸河赫圖阿喇城，才稍有真實歷史可考。從孟特穆起，又傳了四代到努爾哈赤，五代到皇太極，移居瀋陽，才奠定了一個皇朝的基業。努爾哈赤死後，葬福陵；皇太極死後，葬昭陵。那部《福昭創業記》，便是記述他們父子兩代力征經營的事蹟，截至吳三桂乞師、滿洲兵入關為止。在皇太極的兒子手中，便滅亡了明朝而建立了清朝的天下，這就是順治皇帝。溥儀做宣統帝時，則是從順治以下的第十位皇帝。現在把清朝歷代皇帝做成下面一個簡表（參照《星源集慶》）。

帝號	陵名	名諱	年號	前帝之第幾子	在位年數	享年歲數	后數	妃數	嬪數	貴人數	子數	女數
肇祖原皇帝	永陵	孟特穆					一				二	
興祖直皇帝	永陵	福滿		第一子充善之第三子錫寶齊篇古之子			一				六	
景祖翼皇帝	永陵	覺昌安		第四子			一				五	
顯祖宣皇帝	永陵	塔克世		第四子			一	二			五	一

帝號	陵名	名諱	年號	前帝之第幾子	在位年數	享年歲數	后數	妃數	嬪數	貴人數	子數	女數
太祖高皇帝	福陵	努爾哈赤	天命天聰	第一子	十一	六十八	一	十三			十六	八
太宗文皇帝	昭陵	皇太極	崇德	第八子	十七	五十二	二	十三			十一	十四
世祖章皇帝	孝陵	福臨	順治	第九子	十八	二十四	三	十六			八	六
聖祖仁皇帝	景陵	玄燁	康熙	第三子	六十一	六十九	四	十九	十	七	三十五	二十
世宗憲皇帝	泰陵	胤禎	雍正	第四子	十三	五十八	二	五	一	一	十	四
高宗純皇帝	裕陵	弘曆	乾隆	第四子	六十	八十九	三	十七	六	三	十七	十
仁宗睿皇帝	昌陵	顒琰	嘉慶	第十五子	二十五	六十一	二	六	六	一	五	九
宣宗成皇帝	慕陵	旻寧	道光	第二子	三十	六十九	四	八	四	四	九	十
文宗顯皇帝	定陵	奕譚	咸豐	第四子	十一	三十一	三	八	五		二	一
穆宗毅皇帝	惠陵	載淳	同治	第一子	十三	十九	一	四				
德宗景皇帝	崇陵	載湉	光緒	宣宗第七子奕譞之第二子	三十四	三十八	一	二				
宣統帝		溥儀	宣統	宣宗第七子奕譞之第五子載灃之第一子	二		一	一		二		

從順治入關到宣統遜位，統共用國二百六十八年（一六四四～一九一二），而溥儀在位只有三年，可說短之又短。道光帝以前列帝都是子女很多，咸豐帝以後就不然了。咸豐帝名為二子，實則一子早殤，只有一子；名為一女，實則係撫養恭親王奕訢所生，自己沒有女兒。接著同治帝和光緒帝都子女全無，溥儀也還沒有子女。而清朝國勢的衰落，也就從咸豐帝開始，到溥儀更不能支持了。

三、道光皇帝的一支

溥儀是道光帝的曾孫。原來道光帝生九子，第四子是咸豐帝。咸豐帝的兒子便是同治帝。同治帝死時沒有兒子，由道光帝第七子醇賢親王奕譞的第二子載湉繼統，便是光緒帝。光緒帝死時也沒有兒子，更由醇賢親王的第五子載灃的第一子溥儀繼統，便是宣統帝。所以溥儀是同治帝的承繼子，也是光緒帝的兼祧子。現在把道光帝一支的子孫，做成下面一個簡表（原表是友人在長春宮中拾得，本名「宣宗成皇帝位下王貝勒等輩分簡表」。表中沒有咸豐帝、同治帝、光緒帝和溥儀，因為照清朝玉牒成規，皇帝別成一系，不和諸皇於並列。現在由我另外添入，以求完備。又表中原注有「紅名」字樣，照清朝玉牒成規，其人活在的用紅筆書名，原表全用墨筆寫成，故別注「紅名」字樣，表示其人還活在。但原表沒有記明係於何年月日編製，到我寫成這書時，必已另有許多生死，像恭親王溥偉，我就知道他已死，不應更注「紅名」，但無從逐一詳考，故一仍其舊）。在這一個表中的人，有一部分，吾們將見他們在後文陸續出場，所以他們的世系也值得注意一下。

第一子【多羅隱志郡王】奕緯

承繼子【郡王銜多羅恭勤貝勒】載治

第四子【貝勒銜固山貝子】溥倫三子

第一子【襲奉恩鎮國公】毓嶟（紅名）

第二子毓嵻（紅名）

第三子毓崇（紅名）

第一子恒卣（紅名）

第五子【不入八分輔國公銜鎮國府軍】溥侗（紅名）二子

第一子毓嵐（紅名）

第二子毓巙（紅名）

第二子【多羅順和郡王】奕綗（無嗣）

第三子【多羅慧質郡王】奕繼（無嗣）

第四子【文宗顯皇帝】奕譞

第一子【穆宗毅皇帝】載淳

第二子【追封多羅憫郡王】（未命名）

第五子【和碩惇勤親王】奕誴（出繼仁宗第三房和碩愷恪親王綿愷為嗣）

第一子【已革郡王銜多羅貝勒】載濂

第一子【頭品頂戴】溥僎（二子）

第一子毓岱（紅名）

第二子毓嵒（紅名）

第一子【頭品頂戴溥修】（紅名）一子

第一子毓攸（紅名）

第二子【已革端郡王】載漪

第一子【頭品頂戴一等鎮國將軍】溥僎六子

第一子毓峻（紅名）

第二子毓運（紅名）

第三子毓岳（紅名）

第四子毓岫（紅名）

第五子毓嶸（紅名）

第六子毓幬（紅名）
第二子【入八分公銜俸】溥僡（紅名）
第一子毓巍（紅名）
第二子毓嶺
第三子【已革輔國公】載瀾
第二子【頭品頂戴】溥倬
第三子毓峻（紅名）
第八子毓岭（紅名）
第五子溥信

第六子溥儉（紅名）

第四子【多羅貝勒】載瀛

第五子【固山貝子】溥潤（紅名）

第八子溥佐（紅名）

第五子【不入八分輔國公銜鎮國將軍】載津

第一子【輔國將軍】溥佺（紅名）

第六子【恭忠親王】奕訢

第一子【郡王銜多羅果敏貝勒】載澂

承繼子【和碩恭親王】溥偉（紅名）五子

第一子毓嶙

第二子毓岏（紅名）

第三子毓嶦（紅名）

第四子毓嵂（紅名）

第五子毓嶸（紅名）

第二子【已革郡王銜多羅貝勒】載瀅

第二子溥儒（紅名）

第一子毓岦（紅名）

第二子毓岑（紅名）

第三子溥德（紅名）

第一子毓岭（紅名）

第七子【和碩醇賢親王】奕譞

第二子【德宗景皇帝】載湉

第五子【和碩醇親王】載灃（紅名）

第一子宣統帝溥儀（紅名）

第二子溥傑（紅名）

第三子溥任（紅名）

第六子【郡王銜多羅貝勒載洵】（出繼仁宗第四子和碩瑞懷親王綿欣第一子奕誌）（紅名）一子

第一子溥悦（紅名）

第八子【鍾端郡王】奕詥

承繼子【郡王銜多羅貝勒】載濤（醇賢親王第七子）（紅名）五子

第一子（未命名）

第二子溥佳（紅名）二子

第一子毓嶠

第二子毓崟（紅名）

第三子溥佞（紅名）

第四子溥伸

第五子溥僖（紅名）

第九子【親王銜多羅孚敬郡王】奕譓

承繼孫【固山貝子】溥欣【和碩惇勤親王第四子載瀛之第一子】（紅名）一子

第一子毓嵻（紅名）

溥儀怎樣被選為嗣皇帝呢？說來話長了。安徽徽寧太廣道惠徵有一個女兒被選入宮，得咸豐帝的寵倖，生子為同治帝，這便是以後當國四十八年（一八六一～一九〇八）的慈禧太后。慈禧太后的妹子，嫁與醇賢親王奕譞為福晉。同治帝死時既沒有兒子，他便把這位福晉所生的兒子載湉，做了光緒帝，這是他的姨甥了。後來慈禧太后又把他弟弟都統桂祥的女兒，做了光緒帝的皇后，這是他的姪女了。再說慈禧太后在沒有入宮前，有一個情人，叫做榮祿，後來官做到大學士，很得太后信任，便把他的女兒指配與醇賢親王第五子載灃做了福晉，生子名溥儀。光緒帝死時，既又沒有兒子，他老人家便選定了他做宣統帝。這是榮祿的外孫女兒，也就是他的再姨甥了。於是醇賢親王一支出了兩個皇帝，惠徵一家出了兩個皇后。

因為溥儀做皇帝時，還是乳臭小兒，慈禧太后又命載灃做監國攝政王，這也是他的姨甥。辛亥（一九一一）革命發生，攝政王告退，由世續和徐世昌做溥儀的太保，負責衛護。所以選定這兩位，或許為是他們的名字題得好，取其吉祥。無奈革命成功，宣統一世，到底不能「續」，不能「昌」了。

四、一家人

溥儀入繼為宣統帝，便有五個母親：同治帝的瑜妃（溥儀尊為敬懿皇貴太妃）、珣妃（溥儀尊為恭肅皇貴太妃）、瑨妃（溥儀尊為榮惠皇貴太妃），光緒帝的皇后（溥儀尊為隆裕皇太后）、瑾妃（溥儀尊為端康皇貴太妃）。

就地位言，隆裕皇太后當然最尊崇，故勢力最大。不過溥儀是同治帝的承繼子，對於光緒帝只是兼祧子，所以在瑜、珣、瑨三妃認為關係很深，爭著要過問。隆裕皇太后死後，瑾妃也繼起參加。這就是後來宮中所說的四太妃。榮惠皇貴太妃最後死，死時還傳給溥儀下面一批珍物：

黃碧玭佩一件（上栓紅碧玭一塊，白珠結二十粒）、藍寶石一塊、翡翠背雲珍珠二顆、碧璽一件、翡翠墜角一件、珊瑚豆一件、翡翠小佛頭一件、黃碧璽佩一件、碧璽扇墜一件（嵌綠葫蘆）、舊玉三件、珠節四顆串一件、碎珊瑚節一包、翡翠背墜五件（帶珠二顆）、金錢十個（即金鎊）、大清金幣四個、小金錁二十二個、金條三條足三十兩、小銀錁二十個、小銀牙錁五十個、歲歲平安二包、景泰藍小鐘一件、琺瑯小鐘一件（見〈陳設簿〉）。

溥儀對於本生父醇親王載灃，很能盡其孝思。在滿洲國，每月奉王爺二千元的甘旨。每逢王爺生日，必送如意一柄。王爺遇溥儀生日，也必送如意一柄。吾們從《如意簿》上，可以編成下面一張表：

王爺送溥儀

康德元年（一九三四）	三月一日	三鑲碧玉如意一柄
二年（一九三五）	一月十五日	通玉如意一柄
四年（一九三七）	一月十二日	三鑲青玉如意一柄
五年（一九三八）	一月廿六日	三鑲玉如意一柄
六年（一九三九）	一月四日	三鑲玉如意一柄
七年（一九四〇）	一月廿二日	三鑲玉雕龍鳳如意一柄
八年（一九四一）	一月二日	三鑲玉如意一柄
九年（一九四二）	二月	三鑲玉如意一柄
十年（一九四三）	一月廿七日	三鑲玉如意一柄
十一年（一九四四）	一月廿一日	三鑲玉如意一柄
十二年（一九四五）	二月五日	三鑲玉如意一柄

溥儀送王爺

康德三年（一九三六）	二月七日	三鑲如意一柄
五年（一九三八）	二月十二日	三鑲玉如意一柄
六年（一九三九）	二月十日	三鑲玉如意一柄
七年（一九四〇）	二月十日	三鑲玉如意一柄
八年（一九四一）	一月二十日	三鑲玉如意一柄
九年（一九四二）	二月三日	三鑲雲玉如意一柄
十年（一九四三）	二月八日	三鑲碧玉如意一柄
十一年（一九四四）	二月十八日	通玉小如意一柄
十二年（一九四五）	二月十六日	三鑲玉如意一柄

康德元年（一九三四）、三年（一九三六）王爺送溥儀的，元年（一九三四）、二年（一九三五）、四年（一九三七）溥儀送王爺的，《如意簿》都沒有記錄。上表所列康德元年（一九三四）王爺送溥儀的，是從《陳設簿》抄上。想來其餘年份也有送的，不過失於記錄罷了。《記事簿》載康德三年（一九三六）溥儀查問送王爺禮物情形，很有趣：

> 康德三年（一九三六）二月十二日下午六點餘鐘，上打電話問：「送王爺物品，出帳否？收在何處？」隨言：「已出帳，物品在吳長明室。」上問：「何以知在吳長明室？」隨言：「出帳時，在吳長明室看物品上號碼，故知。」上諭：「汝赴吳長明室，看物品還在否？」當即赴吳長明室看，物品已無，隨即回司房接電言：「奴才至吳長明（室），物品已無。」上言：「無事了！」又七點餘鐘，護軍言：「上頭叫毛永惠。」隨即出去，上在樓諭：「汝叫汽車至吳長明家中，問送王爺物品收於何處？問明，回來時與樓上通電話。」隨即坐汽車至吳長明家中，據云：「已交承宣課溥修矣。」回來，即與樓上三四一三八（按原文書成中國數碼）通電話，上接電話諭：「汝說罷！」隨言：「奴才至吳長明家中，吳長明已交承宣課交溥修。」上又諭：「不知物品現在承宣課否？」即對曰：「不知。」「汝到承宣課看看去。」即赴承宣課，見物品仍在，馬延武言：「溥修令存於此。」隨回，對電言：「物品仍在承宣課。」上諭：「汝趕緊與載濤送去。」由承宣課開出門條，六色物品送至大和旅館，面交載濤。六色物品計：如意一柄，瓷碟一件，玻璃瓶一件，掛屏一件，銅花阡一對，漆匣一件。

王爺在天津有個住宅，歸溥儀開支。王爺也曾到過滿洲國，溥儀在西花園給王爺布置著一個臥室。

溥儀本生母，早年就死去。其時溥儀還在北平宮中，聽到了母親病重的消息，吵著要去省視。及至去看時，那知母親早已咽了氣，溥儀哭得很悲傷。自從溥儀做了皇帝，拘於皇室的規矩，母子間不能重溫骨肉之情，這是一個生離死別的慘劇。

溥儀有十來個弟妹，我所考知的，是兩個弟弟：

溥傑字俊之，英文名威廉姆。能做詩，繪畫。和溥儀后弟潤麒，同時到日本留學。其時還在天津，所以分別變姓名為金秉藩和郭繼英。在宮中流出的溥傑和潤麒給溥儀的信中，還有用秉藩和繼英名字的，便是為此。後來又分別改用日本人姓名為清水次雄和清水武雄。他們在陸軍士官學校讀書，畢業後回滿洲國，開始以中校資格服務。如果溥儀終於沒有兒子，依照滿洲帝國的《帝位繼承法》，溥儀死後，溥傑該是滿洲帝國第二位皇帝（《帝位繼承法》係於康德四年〔一九三七〕三月一日公佈，第五條規定：「帝之子孫不在時，傳於其兄弟及其子孫。」）。溥傑曾和唐石霞結婚，石霞字怡瑩，光緒帝瑾妃之姪女。後來不歡而散。溥傑續娶一日本女子，將於以後詳述。而石霞今以畫名平滬間。

溥任隨王爺在平津，沒有到滿洲國。於康德四年（一九三七）結婚。

五個妹妹：

大格格未詳其閨名，嫁與潤良，已故。潤良為皇后之弟、潤麒之兄，勳四位，侍衛官。

二格格閨名韞和，又名秉熹。嫁與鄭廣淵，字隤敳，是鄭孝胥之孫、鄭禹之子。原在英國留學，後被日人強迫改赴日本。歸滿洲國，任外交部科長。生有一女，名英才，據《主子銀器簿記》，曾於康德元年（一九三四）五月十七日賞給金鐲一副、金鎖一件。

三格格閨名韞穎，又名秉顥，又名莉莉，一作琍琍。嫁與潤麒，生有一子，名宗麒。照康德四年（一九三七）五月東京來信的口氣，報告住入秋山病院，似又有分娩模樣，但下文沒有分曉。

四格格閨名韞嫻，又名佛兒。嫁與趙國圻，也以日本陸軍士官學校畢業，歸滿洲國任中校，蒙古人。辦理秋瑾一案的紹興府知府貴福，便是他的父親。

五格格閨名韞歡。嫁與萬嘉熙，也以日本陸軍士官學校畢業，歸滿洲國任中校，江西人。張勳的參謀長萬繩拭，便是他的父親。

照清朝的規矩，皇帝於皇后外，可以有不拘數目的妃嬪，其等級是皇貴妃、貴妃、妃、嬪和貴人。像順治和康熙兩帝，就各有三十位妃嬪貴人。還有清朝的規矩，皇帝立後，便同時立妃嬪。溥儀是十七歲上立後的，他本人不願更有妃嬪，他倒主張一夫一妻。因為宮中老人認為皇帝應該有妃嬪，不可違反祖宗制度，才勉強立了一妃。其後雖做了滿洲國皇帝，也始終只有一個貴人。

溥儀的皇后，是內務府大臣榮源之女，姓郭博羅氏。慈禧太后的寵臣毓朗貝勒，便是皇后的外祖父。論輩分，毓朗為溥儀的侄，故皇后比溥儀要小二輩。皇后閨名鴻秋，英文名伊利沙白。中英文學問都不差，還能繪幾筆畫。夫妻感情原是很好，但在康德元年（一九三四）以後，逐步惡化。后有抽大煙的嗜好，吾們從康德五年（一九三八）七月十六日到六年（一九三九）七月十日的一本《細流水帳》上，見到她前後共買益壽膏七百四十兩，平均每天約吸二兩。康德五年（一九三八）十月十二日，購煙斗兩個，每個一元七毛，計三元四毛；燈罩一個，計二元五毛；煙釬子十三支，每支一元二毛，計十五元六毛。后的煙具，就這般購之市上，似乎很不講究。抽大煙的，同時必吸捲煙，后也不能例外。在同一本《細流水帳》上，前後共買各種捲煙三萬零四百三十支，平均每天要吸八十五支。或者說，實在后所抽大煙和捲煙沒有這麼多，其中給裝煙的太監們揩油去的，也著實不少。不過后癌癖之深，幾至終日不能下床，確是實情。據說后又害目疾，幾致失明。故凡遇國家大典，后就不能參加，大家也不知道滿洲國還有一位皇后。又一說，有一年冬，溥儀要借避寒為名，把后送往旅順軟禁起來，給宮內府次長入江貫一知道了。入江是日本宮內省的老吏，依他日本人的見地，認為皇帝應有皇后，皇后應和皇帝同居，堅決反對，因此沒有成為事實。皇后方面當然也有表示，這可從三格格給溥儀的報告中窺見一斑：

……關於趙欣伯之妻所述后之事，詳稟於左：趙妻赴日前，曾謁見后。后見彼將與分離，極悲，並託彼轉告日方，請後來日養病。后云：「為什麼別人都得自由，獨我不能自由？」趙妻果欲託日人請后東渡。莉極阻之，告彼：「后之地位與常人異，不自由為當然之事。如不信，請看日后亦然。」趙妻以莉語為然，想不致生出若何枝葉。彼言：「后近日多病，彼不能詳知，因日人阻其見后，所以三餘月來未至府請安。」莉聞此種種話，知其為人，因遠而拒之。

這是大同二年（一九三三）十月間之事。又康德四年（一九三七）三月七日的信說：「后放大的照片實在可怕，比前二年又變樣了。隱藏起來，不給人看。」這也可見后在家庭中的情形。

溥儀到滿洲後，起先每月給后一千五百元，最後加到三千元。所有伙食、僕媼工資和一切零用，都由后自己開銷。而在這筆款內，后還要每月匯款給他族人恒圻津貼四十元。所以《細流水帳》上載著：「康德五年（一九三八）八月二十一日，彩票一張一元。」「康德六年（一九三九）十月二十一日，彩票五張五元。」大概后也在想發財。溥儀自己吸「三五牌」等名貴香煙，而后吸的只是「粉包」等次等香煙。宮中本也有捲煙配給，但是挨不到后，要她自己在市上零買。溥儀自己飲的茶葉，是從北平大批購來，而讓后每天在市上零買二兩。后也不和溥儀一起進餐，由她自己備膳，每天照例買兩個麵包或五個包子。傳說后每天要吃一百個雞子，因為后有煙癖，每天早上老是起不來，廚房給她煮著的雞子，一會兒冷了，便給她另煮，所以后實在只吃兩個，而因冷了留下的要有九十八個。但在吾們見到的《細流水帳》上，沒有這一筆開支，連雞子一個名詞也難得發現。從各種簿籍上看來，溥儀和皇后也常相互送禮。如《主子銀器簿》載：「大同二年（一九三三）二月七日，進萬歲爺銀煙盒二個，銀琺瑯四方抽屜盒一個，銀胎日月瓶一對，絨禮帽二頂。」「康德元年（一九三四）三月四日，萬歲爺賞鐲表一件，小銀沙箱一件。」但有一件滑稽的事，據《雜物紀念章電燈簿》載：「第六十一號白玻璃銅口花插一對，康德元年（一九三四）十月十五日皇后進。康德六年（一九三九）十月二十日，賞皇后。」或許是溥儀有意和皇后過不去吧！

和皇后同時冊立的淑妃，姓額爾德特氏，閨名文繡，又名惠心。皇后和她相處很好，常給她梳髮，可說脫略了宮中規矩。民二十年（一九三一），淑妃突然在天津法院對於溥儀提出離婚上訴，並要求給與贍養費五萬元。終於由溥儀私下託人出來關說，給了淑妃一筆財產，讓她自由去。淑妃現在天津辦一所小學校，自己做校長。

康德四年（一九三七）三月二十五日，溥儀冊立他他拉氏為慶貴人，宮中卻呼為「董貴人」。她是生長在北平的，那年才十八歲。溥儀很喜歡慶貴人，還請陳曾矩教他讀了六年的中文書。康德九年（一九四二）八月十三日慶貴人死了，溥儀很是傷心，追封為明賢貴妃，殯宮在般若寺。我既得知還沒有奉安園寢，曾到寺訪問，殯宮實在藏經閣後，屋中只有一棺，棺前只有一案，靈前陳設已空無所存，極淒涼蕭瑟之至。東壁有溥佳雜物一堆，寺僧指結婚照一幀道：「這就是溥佳夫婦（溥佳娶存耆從弟索樾坪之妹，名溥索，號鵬雲）。」兩人日記，也在這裡拾得。回顧西壁還有一棺，很覺駭異，讀其銘，方知此中長眠人為在長春戰役中犧牲之一位地下工作同志。寺僧又說：「當康德皇帝在日，這裡有禁衛看守，不容閒人擅入。」方外人也不勝今昔之感了！

康德十一年（一九四四）春，溥儀又冊立一位福貴人。這位貴人姓李，名玉英，年十七歲，是新京市立第一女子高等小學校的學生。家住長春二道河子，父親在長春南關一家小飯店叫做萬發園的當跑堂。一說吉岡安直見溥儀和后感情不好，慶貴人死後，宮闈寂寞，存心要給他另找一個配偶，一天便把這位女學生送進宮中，不問雙方是否願意，便算是溥儀的妃子。後來經過了幾個月的教導，嫻熟宮中禮數，才冊立為貴人。一說是二格格和吉岡商量，合力作成的。這位貴人的父親，由溥儀給他一筆錢去過活，不再做跑堂了。

五、過去的四十年

民三十四年（一九四五）八月，霹靂一聲，日本投降，滿洲國也就隨著崩潰。這年溥儀恰是四十歲，現在就給他過去的四十年，作成一個年表（宣統三年以前月日都用陰曆，中華民國元年以後月日都用陽曆。滿洲國正朔原也用陽曆，不過溥儀生日所謂：「萬壽節」和宮中各種祭祀等仍是都用陰曆，故滿洲國的曆書也是陰陽曆並載，實在格式一如清朝欽天監所頒，只在陰曆月日上加上陽曆罷了。再有溥儀做宣統帝，雖只在位三年，但宮中和若干滿洲人或漢人中的所謂遺老，仍用宣統紀年，像毓嶦日記前頁印有一張紀年表，其中中華民國字樣都被塗去，從中華民國元年改為宣統四年，直到大同元年為止）。

西曆	中國紀年	干支	滿洲年	日本紀年	年齡	大事
一九〇六	光緒三二	丙午		明治三九	一	正月十四日誕生
一九〇七	三三	丁未		四〇	二	
一九〇八	三四	戊申		四一	三	十月二十一日，光緒帝（德宗）崩。二十一日，慈禧太皇太后（孝欽后）崩。十一月初九日，即皇帝位。
一九〇九	宣統元	己酉		四二	四	十月，葬慈禧太皇太后於定東陵。
一九一〇	二	庚戌		四三	五	

西曆	中國紀年	干支	滿洲年	日本紀年	年齡	大事
一九一一	三	辛亥		四四	六	七月十八日，始典學。八月二十日，武昌起義。十月二十六日，攝政王退位。十二月二十五日，下遜位詔。
一九一二	民國元	壬子		四五大正元	七	
一九一三	二	癸丑		二	八	十一月，葬光緒帝於崇陵。
一九一四	三	甲寅		三	九	一月二十二日，隆裕皇太后（光緒后孝定）崩。十二月，葬於崇陵。
一九一五	四	乙卯		四	一〇	
一九一六	五	丙辰		五	一一	
一九一七	六	丁巳		六	一二	七月一日，復辟；十三日，退位。
一九一八	七	戊午		七	一三	十月三日，本生母醇親王嫡福晉薨。
一九一九	八	己未		八	一四	
一九二〇	九	庚申		九	一五	
一九二一	一〇	辛酉		一〇	一六	四月十四日，莊和皇貴太妃（恭肅皇貴妃）薨。
一九二二	一一	壬戌		一一	一七	十一月，立皇后郭博羅 氏，淑妃額爾德特氏。
一九二三	一二	癸亥		一二	一八	預定二月二十五日赴天津，自求解放，為左右所阻。
一九二四	一三	甲子		一三	一九	十一月五日，因國民軍要求，出宮，入醇親王府。二十一日，端康皇貴太妃（溫靖皇貴妃）薨。二十九日，入日本公使館。
一九二五	一四	乙丑		一四	二〇	二月二十三日，至天津。
一九二六	一五	丙寅		昭和元	二一	
一九二七	一六	丁卯		二	二二	
一九二八	一七	戊辰		三	二三	
一九二九	一八	己巳		四	二四	三月，弟溥傑等赴日本留學。

西曆	中國紀年	干支	滿洲年	日本紀年	年齡	大事
一九三〇	一九	庚午		五	二五	
一九三一	二〇	辛未		六	二六	九月十八日，滿洲事變發生。十月，淑妃離異。十一月十一日，自天津出發。十二日，抵塘沽。十三日，抵營口，轉赴旅順、大連。
一九三二	二一	壬申	大同元	七	二七	二月三日，敬懿皇貴太妃（獻哲皇貴妃）薨。三月七日，自旅順出發。八日，抵長春。九日，就滿洲國執政職。二妹嫁與鄭廣淵。八月十五日，三妹嫁與潤麒。
一九三三	二二	癸酉	二	八	二八	五月十六日，榮惠皇貴太妃（敦惠皇貴妃）薨。
一九三四	二三	甲戌	大同三 康德元	九	二九	三月一日，登滿洲帝國皇帝位。十二月，五妹嫁與萬嘉熙。秋，建懷遠樓。
一九三五	二四	乙亥	二	一〇	三〇	四月二日，自長春出發，訪問日本。二十七日，回長春。
一九三六	二五	丙子	三	一一	三一	建同德殿。清歷朝實錄刊成。
一九三七	二六	丁丑	四	一二	三二	二月六日，命以清室原有皇產，除陵廟及應保留者外，一概賜歸國有。三月二十五日，立慶貴人他他拉氏。四月三日，溥傑娶日本嵯峨侯實勝之孫女。十二月，愛新覺羅宗譜刊成。
一九三八	二七	戊寅	五	一三	三三	九月十日，新宮開工。
一九三九	二八	己卯	六	一四	三四	
一九四〇	二九	庚辰	七	一五	三五	六月二十二日，自長春出發，赴日本，慶祝日本建國二千六百年紀念。
一九四一	三〇	辛巳	八	一六	三六	
一九四二	三一	壬午	九	一七	三七	八月十三日，慶貴人薨，追封明賢貴妃。建嘉樂殿。
一九四三	三二	癸未	一〇	一八	三八	
一九四四	三三	甲申	一一	一九	三九	春，冊立福貴人李氏。
一九四五	三四	乙酉	一二	二〇	四〇	八月十一日，赴通化。十四日，回瀋陽。

本書名為《滿宮殘照記》，以寫出溥儀在滿洲的情形為主。而溥儀的做成滿洲國皇帝，可說國民軍請他出宮，是一個起因。由是他逃入日本公使館，逃入天津日本租界，逃入旅順、大連日本租借地，終於成了日本的傀儡。這三次逃亡，和溥儀一生關係，也和滿洲國關係，實在重大，所以就這三件事詳細一說。

民十三年（一九二四）十一月，溥儀既已出宮，避入醇王府（俗稱「北府」），怎樣又逃入日本公使館呢？鄭孝胥《海藏樓詩》：

十一月初三日，奉乘輿幸日本使館

乘回風兮載雲旗，縱橫無入神鬼馳。
手持帝子出虎穴，青史茫茫無此奇。
是日何來蒙古風，天傾地坼見共工。
休嗟猛士不可得，猶有人間一禿翁。

詩後附著孝胥這一天日記一則：

十一月庚戌朔。共產黨散布傳單及平民自治歌，又反帝國主義傳單，各數萬張。辛亥，西報言馮玉祥將為第三次圍攻北京之舉。召對，命速覓屋。壬子，弢庵（陳寶琛）、叔言（羅振玉）

來密告，弢庵曰：「事急矣！」乃定赴德國醫院之策。午後，詣北府，至鼓樓，逢弢庵之馬車曰：「已往蘇州胡同矣！」馳至蘇州胡同，無所見。遂至德國醫院，登樓，上徘徊窗下，獨弢庵從，告孝胥曰：「莊士敦已往荷蘭、英吉利使館，張文治奔告醇王，且復來。」孝胥請幸日本使館，上命孝胥先告日人。即訪竹本，告以皇帝已來。竹本白其公使芳澤，乃語孝胥：「請皇帝自決行止。」於是暴風大作，黃沙蔽天，數步外不相見。孝胥至醫院，慮汽車或不聽命，議以上乘馬車；又慮院前門人甚眾，乃引馬車至後門，一德國人持鑰從，一看護婦導上下樓，開後門，登馬車，孝胥及一僮驂乘。德醫院至日本使館有二道，約里許，一自東交民巷轉北，一自長安街轉南。孝胥叱御者曰：「再至日使館。」御者利北道稍近，驅車過長安街。上驚呼曰：「街多華警，何為出此！」然車已迅馳，孝胥曰：「咫尺耳，馬車中安有皇帝，請上勿恐。」既南轉至河岸，復啟上曰：「此為使館界矣！」遂入日本使館，竹本、中平迎上入兵營。弢庵亦至。方車行長安街，風沙悍怒，幾不能前，昏晦中入室小憩。上曰：「北府人知我至醫院耳，莊士敦、張文治必復往尋，宜告之。」孝胥復至醫院，醇王、濤貝勒皆至，因與同來日館，廷臣奔視者數人。上命孝胥往告段祺瑞，命張文治往告張作霖。歸作函，使禹致之。入夜風定，星斗滿天，垂、禹至日館，進奉果餌。日本公使芳澤以所居大樓三層為上內寢。隨侍僮李體育，十四歲；御者王永江，車右王小龍。

在這裡，有一段文字很可注意：「上徘徊窗下，獨弢庵從，告孝胥曰：『莊士敦已往荷蘭、英吉利使館。』孝胥請幸日本使館，上命孝胥先告日人。」大概他們原是預備求援或托庇於荷蘭或英吉利公使的，後來到日本公使館，正是孝胥的主見。

溥儀避居日本公使館八十天，又作逃亡天津之計。民二十四年（一九三五）二月二十三日，溥儀換穿粗料西裝，扮成日本小商人模樣，由池田書記官作伴，於夜半離開公使館，坐汽車直奔前門車站。池田帶溥儀登一輛三等車，這是一輛兵車，車中氣味非常惡劣。池田操中國語很純熟，告旁坐兵道：「這是一個日本人，讓他坐在這裡。」說罷，自入二等車中，鄭孝胥、羅振玉等都在那裡。時京津一線在國民軍勢力之下，車到豐臺，檢查最為嚴厲。檢查者在那三等車中，見了默坐一隅的溥儀，喝問：「你是誰？這是兵車，怎地坐在這裡？」旁坐兵代答道：「他是一個日本人。」檢查者呼他：「去！去！」溥儀也就走入二等車中，始終不發一言。從此一路平安，早上三點鐘到了天津。由日人吉田茂和古城秀胤兩人來接，暫在大和旅館住下，隨後皇后也由池田的太太陪伴到津（據《滿洲國皇帝》頁六十六）。

溥儀避居天津日本租界七年，民二十年（一九三一）九月十八日，日本突以武力佔領瀋陽，造成所謂「滿洲事變」，天津日本租界也戒備森嚴，溥儀就在這戒嚴聲中，又作逃亡關外之計。十一月十一日上午二時，他和鄭孝胥、鄭垂父子乘汽車到法租界郵船碼頭，登比治山丸。一早船開行，沿白河而下。經過軍糧城，這是一個要口，舟車往來，必經檢查。大家預囑船長西田設法繞道避開，船長不理會，仍徐向軍糧城行去，大家非常情急。乃在快到軍糧城時，船長突開快車，打轉逃去，雖岸上放槍，早已射之不及。這樣，天明時就安抵了塘沽口外，換乘淡路丸。十三日上午九時一刻，到達營口，在南滿鐵路第二碼頭停泊，這已在日本勢力範圍內了（據《滿洲國皇帝》頁一百零一）。

民三十四年（一九四五）八月八日，蘇聯對日宣戰。十二日，溥儀全家動身到通化，尚書府和宮內府各大臣們、國務總理和各部大臣們都隨同出發。原來通化有一個大栗子煤礦，附近多山洞，日本人早在那裡做有防空設備，所以他們這一次公開的浩浩蕩蕩前去，含有臨時遷都的意味。據說關東軍本準備於必要時放棄長春，最後死守南滿。不料十四日天皇宣布投降，溥儀就回瀋陽，想坐飛機到日本，於是給蘇聯軍隊所虜獲。他以後的餘生，不在本書範圍之內，也就不再敘說了。

六、學問一斑

溥儀在六歲上開始上學，由大學士陸潤庠和侍郎陳寶琛教讀漢文、都統伊克坦教讀滿文，但滿文成績很不行。其後有英人莊士敦教讀英文、劉驤教讀日文，但日文也不行，英文卻很好，能讀能說能寫，寫的書法也很清秀，他簽字喜歡用Henry一個名字。此外給溥儀講書的還有不少人，像鄭孝胥講《資治通鑒》，溫肅講《貞觀政要》。滿洲國成立後，一度規定每星期六為修學日，從上午十點鐘起，舉行御前進講。那時，袁金鎧講《書經》，王乃徵講《詩經》。日本人方面，也常有專家或名流擔任御前進講，像侍從武官石丸志都磨曾講軍事（有一個長期的節目），山下奉文曾講德國戰事（其時山下奉文正從歐洲回來），煙晉二郎（佐藤戈止化學研究所研究員）曾講稀元素。又在預定實現每一個行動前，便向溥儀灌輸對於這一個行動應具的知識，像在康德七年（一九四〇）為赴日參加二千六百年祝典，先講日本史（講者平泉治）；回來為公佈建置神廟，先講惟神之道；康德十年（一九四三）為東巡狩，先講安東大勢（共講八次）。惟神之道的進講，據《記事簿》所載，有一個相當莊嚴的規模：

主講者：東京帝國大學名譽教授、法學博士筧克彥。助手，筧秦彥。翻譯官，道德滿三郎。速記者，古賀董一。

陪聽者：總理大臣，參議府議長，祭祀府總裁及副總裁，宮內府大臣及次長，尚書府大臣，侍從武官長，吉岡御用掛。

日　期：六月二十日、二十三日、二十四日、二十七日、二十八日、三十日、七月三日、四日、五日、七日、十日、十二日、十四日、十七日、十八日、十九日、二十二日、二十四日。預備，二十五日、二十六日、二十七日。每日上午十點三十分至正午。

地　點：勤民樓健行齋。

服　裝：陸軍軍裝，佩帶日滿最高勳章，滿上日下。

清朝幾位皇帝寫字，自成一個家數，溥儀學得很像。他也常喜作擘窠大字。溥儀和他祖先康熙、乾隆一般，有時也戲弄繪事，畫得也不差。這一種對於書畫的嗜好，似乎很浸染於親近子弟，像溥傑、溥儒、溥忻、溥佺、溥佐、溥修輩，都能書能畫，在平津略有名望。

溥儀尋常書畫，過去鈐印為「宣統御筆」或「宣統宸翰」。到滿洲國後，常用「所其無逸」、「無逸齋寶」、「緝熙敬止」、「民勤樓寶」等印。

溥儀稍通醫理，能自開方。宮中人請侍醫處方，通常先要經溥儀過目，然後命人鈔入藥方簿。這種藥方簿，曾載在《書籍簿》的，有一函，注明：「計五本，內有未寫的二本，未進。」又二函，注明：「第一二計十本。」又據《記事簿》載：

康德二年（一九三五）九月十三日，毛永惠傳：「嗣後藥方鈔入藥方簿後，即行焚毀。」

不知溥儀對於這件事，為甚這樣看重。又曾見由宮中散出的幾本《本草綱目》，間有用紅筆仔細圈點的，或許便是溥儀的手筆。從圈點的部分看來，似乎他對於養陰的幾種藥，像石鐘乳、綠青、礬石、砒石、消石、硫黃、薺苨、萎蕤、補骨脂等，曾有特別的注意。

溥儀稍通佛學。這也是清朝歷帝的一個風氣，原本含有政治作用，借此籠絡蒙藏人心。而至今這一個風氣似乎也浸染於親近子弟，像毓嶦在他日記中記著讀《大乘起修論》、讀《御選語錄》〜一本雍正鈔撮佛家的言論；而在溥佳日記中，也曾自言皈依佛法。

溥儀喜歡讀筆記，在康德三年（一九三六）四月間，曾在北平一次採購了四十三種筆記（據《書籍簿》載）。

在《書籍簿》的書名下，有粘著一小小黃紙簽條的，上書「安樓上書齋」字樣，吾們可假定這是溥儀常看或正在看的書。現在把它彙並鈔在下面，也就可以看出溥儀平日所讀的書屬於何種部門，或何種性質。

《唐宋詩醇》、《康熙字典》、《悅心集》、《白香山詩集》、《康熙政要》、《周易折中》、《邵子全書》、《蘇東坡文選》、《蘇詩合注》、《揀魔辨異錄》、《月令輯要》、《讀書記數略》、《聖祖仁皇帝聖訓》、《御批歷代通鑑輯覽》、《唐詩合解》、《日講詩書解義》、《詩經》、《易經》、《辭源》、《書經圖說》、《滿洲實錄》、《十朝聖訓》、《全唐詩》、《扈從東渡百九詩》、《李太白文集》、《靖獻遺言摘注》、《皇清帝典簡明冊》、元王承惲《承華事略補圖》、《乾隆御製詩》初集、《經海一滴》、《春秋左傳淺解》、《重訂滿洲祭神天典禮》、《避暑山莊詩》、《御選語錄》、《桂山錄異》、《夜譚隨錄》、《閱微草堂筆記》、《豈有此理》、《更豈有此理》、《客窗閒話》、《北東園筆錄》、《不可不可錄》、《燈下閒談》、《詩韻全璧》、《板橋雜記》、《秋燈叢話》、《白玉蟾集》、《擊壤集》、《酉陽雜俎》、《春秋大義》、《東海吟》、《嘉慶三年太上皇起居注》、《寒山子詩》、張守約《擬寒山詩》、沙門翼庵《和寒山詩》、《郇廬遺文》、《黃籙科儀》、《遼海吟》、《陳曾壽詩稿》、《女箴篇目》、《唐詩繹》、《滄趣樓詩集》、《丁巳聞見錄》。

宮中訂閱報紙，據康德三年（一九三六）十二月宮內府內務處需用科的請求發款通知書，共四十五份，限於滿蒙日本所發行（皇后看《盛京時報》、《滿洲報》、《大同報》、《民報》、《泰東日報》、《大亞公報》、《午報》、《吉林日報》，另有一份）。每種報紙都裝訂成冊，在緝熙樓旁有一間屋子，堆滿了這種釘本。其中還有滿洲國歷年的政府公報、幾種英文雜誌、通訊社新聞稿和新聞照片，溥儀本人和親友照片也有許多，可說是溥儀私人的資料室。據《裝釘報本簿》統計，光從大同元年（一九三二）五月份，到康德二年（一九三五）七月份，便已共有六百五十冊。又據《記事簿》載：

康德三年（一九三六）二月二十二日，嚴宗淵傳：「劉振瀛所粘報本，如粘得，由毛永惠隨時安上。」

二月二十七日，上傳：「每日傳達處送來單份報，均安上，短一分不可。」

《傳差草記》第十八冊載：

康德五年（一九三八）二月十九日，嚴宗淵傳：「粘報的二人，添一分飯銀。如毛永惠已傳，不必再傳。」

可見溥儀很注意讀報，而給他粘報的，還有兩人之多。

七、嗜好一斑

溥儀歡喜打哥爾夫球，打網球，打抬球，打雞毛球。在西花園有一個球場，在同德殿有一個球室。和溥儀打網球的，有一個四川人吳少香，他是勳五位，宮內府內務處營繕科科長。還有一位做通譯的林田。據《記事簿》載：

> 康德五年（一九三八）二月十一日，（下午九時）嚴宗淵傳：「買乒乓球六打。」隨要車，據車房言：「現在無車。」隨言：「各買賣家已上門。」上傳：「明日買。」

或許那時溥儀球興發作，所以要連夜派車買球呢！

溥儀在冬天喜歡滑冰。那滑冰場便是利用冬天不玩的球場做成，由消防隊擔任放水。在夏天也喜歡游泳。在同德殿東邊有一個用白磁磚砌成的游泳池，但闊不過丈許，長不過二丈許。

溥儀和皇后都喜歡騎馬。在長春，日本天皇曾送給溥儀駿馬一匹，日本駐滿大使武藤信義也曾送過兩匹。所惜馳騁之地只限於宮內方寸範圍，可憐名馬也不能展其驥足。皇后有一匹川馬，據《上用出入銀錢流水帳》（按，這是皇后內司房的賬），大同元年（一九三二）六月，就曾以三百八十二元置辦了一副黃緞繡的鞍韂。而其後后身體日陷於頹廢，也沒有攬轡的興致了。

溥儀和皇后也都喜歡騎自行車，溥儀更能自駕汽車。

溥儀和皇后也都喜歡養犬。溥儀養的是狼狗，有一頭叫做「虎頭」，因其頭部有似虎形。后養的是哈巴狗，有五六頭。也據《上用出入銀錢流水帳》載：

> 大同元年（一九三二）七月九日，上旨：「買犬用兜安氏藥膏一盒，大洋七角五分。」

想來就為哈巴狗用的了。

溥儀也會拉弓箭。據《手杖弓箭簿》載，他有弓六張、箭二十六枝。騎射本是滿洲人長技，做皇帝的照例自小便要練習。

溥儀曾從霍殿閣學習技擊。霍是河北滄縣人，滄洲霍氏本是世傳拳術好手。殿閣服務皇宮近衛隊。溥儀常和親近的臣下練習推手，像溥佳便是其中一人，載在他的日記中。

溥儀歡喜攝影，也攝電影。宮中自有洗印照片的設備，每種攝影的底片都記錄保存。從《像片玻璃版簿》上，吾們可以得到下面一個統計：

一呎二吋版　康德八年（一九四一）三月止　五〇六張（裝成兩箱）
八吋版　康德五年（一九三八）四月一日止　八一張
六吋版　四一張
五吋版　一五張

四吋版　康德三年（一九三六）九月止　八六七張，又大電影片式四卷
膠片版　康德四年（一九三七）二月二十七日止　四〇七九張，又大電影片式二卷

共計有五千五百八十九張之多。在這許多照片中，皇后露臉的有八張，慶貴人露臉的有三十三張（都是一吋二吋的），這可見溥儀愛情所在的輕重。

溥儀也是一個集郵家。郵票的來源，是在市上零星搜購。滿洲國每次發行一種新郵票，照例進給皇帝二十張，每張一百枚。在《進奉簿》上，吾們也見到康德元年（一九三四）五月二十一日，日人關正雄進日本郵票一冊，計二十九種。給溥儀整理郵票的，是宮內府總務處的一位通譯官，叫做樊植的。關於這，在《傳差日記》第十八冊上有下面一個記錄：

康德五年（一九三八）二月五日，樊植進郵票二十六套。上諭：「樊植進的，問問他是多少錢買的？上頭買，是體恤他的意思，因為他沒有什麼錢，不用進。」隨赴總務處，樊植已走了。言語後，上傳：「明天再說。」

二月六日，問樊植。據樊植說：「郵票係特意買來，預備萬壽進皇上，一點意思。其價值求不要追究。倘蒙皇上賞錢，乃另一問題。雖賞一元錢，亦不嫌少。」言語後，上未說什麼。

二月七日，嚴宗淵交郵票與樊植粘（郵票本二本）。

二月十九日，嚴宗淵交下郵票本子一包袱，隨交承宣課惲寶匣交樊植。

二月二十日，承宣課交來樊植粘的郵票一本，已交嚴宗淵。

溥儀歡喜弄玩具。有一本《運動具玩物簿》，其中玩物部門，載有九十號。溥儀對於日本製所謂人形似乎很歡喜，在這九十號的玩具中，便包含不少人形。有「細錦大小各人形一盒七件（內藏點心）」，是康德五年（一九三八）五月十九日日本皇太后所送；又有「日本小人形六件（玻璃罩）」，是康德七年（一九四〇）六月二十二日日本皇后所送。又在《傳差草記》第十八冊中，載著一個日本人請進人形的故事：

康德五年（一九三八）二月二十六日，下午二點，佟濟煦言：「鄭禹昨天晚到他家云：大阪每日新聞社新京支局長槽崎規一擬進其妻手工人形。如蒙賞收，即交佟濟煦帶來。」言語後，上傳：「可以。」隨傳知佟。

二月二十七日，正午十二時，槽崎規一（佟濟煦代）進人形一具，代玻璃罩（按，代字即帶字，以下同）。

溥儀對於玩具的嗜好，更可從下面幾段文字中見到：

康德三年（一九三六）一月二十日，上傳：「要四百元，當即包好呈上。」旋據李長安傳：「三額駙找。」隨赴西花園，見三額駙云：「適才四百元，用去二百元零一毛三仙，與上妥玩物用，交回一百九十九元八毛七仙。買物無單。」（《傳差草記》第十八冊）

康德四年（一九三七）五月十一日，溥傑函：「上次鄭隤敳來信，只言傑進呈驚人玩具，曾嚇多人。自己之驚愕失聲事，一字未提。傑仍擬赴各處覓求此種玩具，如有新鮮者，當亟進呈也。」

康德四年（一九三七）五月十一日，嵯峨浩函：「倩妹等所搜集之貝殼，已陸續寄來，先將現在所集，跪呈御覽。嗣後當陸續採集，續行進呈也。」（以上《溥傑潤麒三格格信件》第十本）

康德七年（一九四〇）六月六日，司房函在北平之爵科長（善）：「頃接來函，均已上陳。仍買定做泥人，江呆人不必買。泥人如做得時，即帶來為要。」（《內廷司房函電稿粘存簿》）

飼養熱帶魚之風氣，也曾傳入滿洲宮中，給溥儀加上一種嗜好。據《內廷司房函電稿粘存簿》：

康德八年（一九四一）九月十日，函毓科長（崇）：「由京購買熱帶鱷魚及新鮮奇怪熱帶魚。如無新鮮奇怪的，不必買，只買鱷魚。」

我曾在同德殿樓上廊下，看見好幾個熱帶魚玻璃櫃，其中固已空空如也，正可說是涸轍僅存，枯魚莫索了。

八、性情一斑

溥儀性情還不失為篤厚一路，對待親故很有恩意。像陳寶琛是溥儀的老師傅，每到長春，溥儀必優禮有加，臨去送給匹頭等物（宮中簿籍登記溥儀給人家的東西，都稱「賞某人」或「下賜某人」，只有給醇親王和陳寶琛的獨稱「送」，而對於寶琛更稱「陳師傅」而不名，這也是一種優禮的表示）。羅振玉在內廷行走有年，一天在旅順時病了，溥儀親往他家中慰問。鄭孝胥和他兒子鄭垂，為滿洲建國出過大力，垂先死了，孝胥寫了一篇哀詞，溥儀把來張在寢宮。陳曾壽、曾矩兄弟曾在內廷講書，溥儀都有月例致送。自從清室遜位，愛新覺羅宗支衰落不堪，溥儀對於年長的像恭親王、濤貝勒、景嘉、晏森等，或歲時饋贈，或月致例銀；對於年輕的，和舊臣子弟同送日本留學，或收留內廷教養。前者像溥佳、溥侒、奎垣、裕哲、毓峻等，月給日幣一百六十元，還津貼家族生活每月滿幣三十元；後者像毓嶦、毓喦等，在宮中聘師課讀，名曰宮中學生班，或曰特別班，同時也就是事務員，當一些差使，領一些月例。溥儀高興時，還招他們一塊兒玩，一塊兒吃飯，賞幾件東西。毓嶦是襲爵的小恭親王，從他的《味源書室日記》中，多少可以見到這班宮中學生兼事務員的生活，除在別處已摘錄多段外，這裡再鈔幾段：

康德十二年（一九四五）三月八日　暖氣二天來未大熱，都委之煤不好，帶劉顯峻親自到鍋爐一看，漏水之因也。

三月九日　娘來電話叫回去一趟，大概是沒錢了，賞二百元，拿回家。

三月二十三日　有特別用大衣四件。予之大衣，賞的也。不合適，換了一件。

四月十七日　賞雞血石小印一件。

四月二十五日　功課完了，就上去，吃的西洋飯。久未吃，也換換口味兒。

五月七日　午後，帶同關東軍、宮內府人看防空室。

五月十八日　午間吃洋飯，三位格格、四位額駙都上來了。

七月四日　賞高筒皮鞋一雙、白帆布鞋一雙。

八月七日　賞漢玉透明雙螭虎佩一件。

在這日記中，還可看到特別班的幾位教師：教國文的，是徐思允（侍醫）；教日本文的，是岸名幸基（宮內府禮官）；教化學的，是汪鸞翔。

溥儀性情好怪，好玩，常寫作怪信，寄給弟妹，得到他們的驚訝。例如：

前天忽見栗山（下人）很詫異的神氣，拿著一封被郵局撕破的信來，由裡面掉出許多點心末子來。莉不必看，早料到是皇上的怪信。拆開一看，見有抄的詩和碎火燒。現在說正經的話，皇上千萬別再寄碎點心來，因郵政局看著可疑的，拆開看。栗山問：「這點心是什麼意思？」莉告彼：「莉因欲做此點心，請皇上寄來的樣子，」（大同二年〔一九三三〕□月間三格格）

李長安之怪信，一看便知係皇上所書，怪字態，可以說天下第一怪人。上次皇上的信，又可笑、又使莉讀之流淚的半怪不怪的信。這次的笑、又使莉讀之流淚的半怪不怪的信，這次的信，是又些著急（小大人），為大正經信。（大同二年〔一九三三〕九月九日三格格）

漢高祖劉邦的信太怪，乍一看，便知道是皇上怪態復萌了。那小信封的信，真使莉乍披時吃一大驚。皇上的腦筋，可以說世界第一怪。如寫漫畫的電影，一定有趣。莉每次看電影的漫畫，必想起皇上的怪態來，忍不住的好笑。（大同二年〔一九三三〕九月十九日三格格）

十月二日，奉到NO.1手諭一件，內有交威廉姆的怪諭一件，待彼來時交之。（大同二年〔一九三三〕□月間三格格）

再上次在秉顯處曾拜受我君賜藩函諭一通，再三奉讀，再三不明瞭也。秉顯等皆甚以為怪。尤奇者，字跡似是司房之手筆，真一筆之簪花格也。（大同二年〔一九三三〕十月七日溥傑）

現在溥儀的原信雖不可見，但其怪狀已可推想而知。康德四年（一九三七）四月二十一日，三格格信說：

頃奉諭示，敬悉一切。皇上命將所有手諭均付丙丁，穎當日即找出敬焚。因過多，其餘一半，今晚或明日再燒。穎雖覺可惜，但不能私自留下一二，致違背上命，敢請放心。

信後又添一段說：

今天有大風，那一半諭示明天才能燒。穎如不說明，心裡很堵的。

溥儀為甚叫把他的信付之一炬呢？因為其中有寫得怪的，不願以後流傳出去，也許是一個原因。溥儀平日似乎歡喜東塗西抹，曾見奎垣進呈照片前（照片原題「花翎二品頂戴奴才奎垣跪呈御覽」），有下面一段批語：

大同二年（一九三三）八月二十日，執政府侍衛官存耆忽呈此像片並鐲表一件，言均為其子所進。真是怪事！緣向來未有之舉，實覺奇突也。百思而不解其故。吁，怪哉！

我想這種怪信，正是東塗西抹之成績，實在或許也正是無聊的表現。

上邊說過溥儀歡喜拍照，他的好怪好玩，也就在拍照中發洩出來。他歡喜拍奇怪的照，例如在他早年拍的照中，見有一張翹足而坐，兩手引書，掩沒了臉；又有一張以一人化身兩人，隔几並坐。在他弟妹的信中，也可看出他歡喜拍怪照，並把這種怪照寄給他們：

皇上的照片，前後奉到四幅。盼望每天接到幾張像片。真的看見皇上的像片，心中的喜悅，非筆墨所能描寫盡的（不要大怪的，千萬不要太怪的）。

這是大同二年（一九三三）□月間三格格的回信，就是一個證明。

宮中有一位克親王，便是上邊所說的晏森，長臉龐，終日抽大煙，蠢得一個大不識，窮得一個大沒有，這是溥儀拍怪照的對象。在他弟妹的信中說：

謹奉元旦日照像數張，非常有趣，尤其萬嘉熙及晏森，俗的像北京的老媽子。（康德四年〔一九三七〕二月十八日三格格）

頃奉到晏森及其他照片多幅，非常有趣。森帶緣帽及側影二枚，尤妙。他的臉，長長的像苦杏仁。那張往下撻拉的小鼓嘴，很有人緣，簡直是小小張進壽（皇上還記得麼？侍候后的太監）。他是拉過洋車麼？（康德四年〔一九三七〕二月十九日三格格）

晏森之像片，越來越怪，可謂極缺德之能事，盡污醜之大觀。可惜尚未失其平時面孔。如再稍一作態，則更增色不少矣！（康德四年〔一九三七〕三月二日潤麒）

頃奉到各種怪像片，非常有趣，尤其是晏森醜態的，一張有一張的神氣（想不到他是和李長安是一路的人），穎看了，不由大笑。還有牆上貼的怪西洋人的臉，是什麼意思？穎甚願知是否畫報？（康德四年〔一九三七〕四月十七日三格格）

康德四年（一九三七）四月三日，三格格信又說：

現穎所有之照片均貼本，已有十四本。能給人看的只有三本，其餘都鎖起來。

為甚有十一本照相貼本要鎖起來，不能給人看呢？為的是怪照片的關係，該也是一個原因。

記得在十多年前，上海一帶盛行碟仙之戲。據《內廷司房函電稿粘存簿》，宮中也曾購以為戲，照鈔函稿兩通：

逕啟者：頃閱貴書局售有碟仙，本處欲訂購二分，務祈用棉花包好，裝於木匣內，速寄至新京宮內府內廷司房。其價款若干，務開請求書一紙，隨所購碟仙一併寄來。俟收到後，即將款寄去。奉天章福記書局。（康德七年〔一九四〇〕四月十七日）

今接到寄來碟仙二分，內中瓷碟壓碎一件。見信再寄二分。此次千萬用木匣盛好，勿使壓碎。（五月十八日）

這雖是一件瑣屑之事，也更可見得溥儀的素性好怪好玩。

溥儀性情暴躁，待下人格外兇橫，蠻不講理，所以有許多老太監都逃跑了，這有追尋太監的信為證：

濤貝勒爺鈞鑒：敬稟者，茲有當差太監郭德順一名，於八月三日私自逃走，祈在北京尋找。伊住後門內安樂堂胡同路西門，或在後門外鐘樓後宏恩觀廟內。前劉景祉未能找著，此次郭德順務必找著。如找著，先將伊所帶宮內徽章寄來，或有便人帶來亦可，然後派人將郭德順送京為要。專此敬請鈞安。（康德七年〔一九四〇〕八月五日）

濤貝勒爺鈞鑒：敬稟者，頃接來函，敬悉一切。查太監郭德順係太監宋德安薦舉。今將像片一張，隨信寄去。如找著伊時，或派人帶京。若路途不便，亦可在北京拘留些日，然後釋放，以資儆戒。如尋得伊時，如何辦法，隨時來函為荷。專此敬請臺安。（八月十五日。以上均見《內廷司房函電稿粘存簿》）

毛永惠年紀六十多歲了，服侍了溥儀一輩子，總算是一個老人。可是溥儀對他沒有好感，惹起性子來，把他的月例一罰便是好幾個月，試問教他怎麼過活呢？司房太監也欺侮他，常把他打一頓，溥儀也不問。一天，毛水惠也逃跑了，也有司房的信函為證：

康德九年（一九四二）二月二十五日　函佳二爺：毛永惠既經就獲，本應解京嚴懲。上恩高厚，念其年老，平日尚無大過，奉諭：「在北京羈押數日釋放，勿庸解京。」（《內廷司房函電稿粘存簿》）

總算網開一面，赦免了毛永惠。

溥儀性情，有時又覺太溫柔了。下面是關心宮中一個宗人害病的故事：

康德五年（一九三八）二月十七日上交　毓嵒畫報四卷，因伊病，恐悶，看畫報解悶，看完再呈上。

二月十九日上傳：「問毓嵒病好點否？」隨問毓嵒，據云：「病好一點了，嗓子不痛啦，晚上還發燒。」隨言語。下午二點，徐思允來。上傳：「帶毓嵒至徐思允室看病。叫他多穿衣服，圍上圍巾。」隨帶毓嵒至徐思允室看畢，將方呈上覽後，復交毓嵒。下午四點三十五分，嚴宗淵電傳上諭：「賞毓嵒黃糕、豆腐漿，膳房做。」

二月二十日　下午九時，上傳：「問毓嵒還發燒否？叫徐思允給毓嵒看病。如毓嵒不怕冷，就帶毓嵒去看，多穿一點衣服。」據毓嵒言：「不怕冷，亦不發燒了。」隨帶毓嵒至徐思允室看畢，方子呈上覽，上傳：「方子留這裡，給他摘藥熬。」

二月二十一日　下午五時半，曹裕光傳：「帶毓嵒至徐思允室看病。賞毓嵒吃食，膳房做，得了就告說你，你就跟著送去。」下午六時半，上傳：「往後關於病人的事，見人時不要言語。」

二月二十四日　下午五時半，樓上電話言：「問問毓嵒，還瞧不瞧？」毓嵒說：「還瞧。」隨同至徐思允室。看畢，徐思允說：「不用吃藥了。」隨言語。（《傳差草記》第十八冊）

下面又是關心宮中一個差役害病的故事：

康德五年（一九三八）二月六日上傳：「與榮厚去電話言：內廷當差有名霍福泰，欲令馬島看病。」打電話後，即叫夏榮久告知霍福泰去。隨與榮厚去電話，據云：「今日看嗎？」「今日禮拜，恐其不在家。」隨言：「先通知馬島是否在家？來一回電。」下午九時十五分，夏榮久來言：「霍福泰與白日一樣。」下午九時十五分，夏榮久來言：「霍福泰今晚與白日一樣。」

二月七日　下午一時五十分，夏榮久來言：「霍福泰今日赴馬島處看病，抽出血驗血，言肺根有疙疸，不要緊。」

二月八日　十二時三十五分，霍福泰言：「與傳達處翻譯于泉山去電話，一同赴馬島處。」隨保康門傳達室去電話，據云：「今日于泉山請病假一日。」隨與霍福泰言：「司機有會日本話。」問車房何人會說日本話？據云：「杜魁元會說日本話。」隨告霍福泰。下午三時五十五分，夏榮久言：「霍福泰赴馬島處取藥，血已驗，很好，不要緊。」

二月十日　下午一時三刻，夏榮九言：「霍福泰跟昨天一樣，也沒有輕，也沒有重。明天向徐侍醫那裡看去。」

二月十一日　下午七時，又傳：「叫夏榮久看霍福泰，今日見好否？」又交去牡蠣、川貝母二塊，叫霍福泰明日來。下午八時，夏榮久回來言：「霍福泰今晚與白天一樣，藥單交於伊，告知伊明日來府。」

二月十三日　下午一時一刻，夏榮久言：「霍福泰今天去看病。據大夫云：原起吃藥吃的太急，留下點痕跡。現在痕跡也好了。又給的藥是保養的藥。」下午三點三刻，夏榮久言：「霍福泰病也好了，疙疸也沒有了，就是身上發軟。日本藥也沒吃，還是吃徐侍醫的藥。」

二月十四日　下午三時半，夏榮久來言：「（霍福泰）今日比昨日好點，精神亦好點，明日上午十一時來。」上傳：「告知霍福泰，病將好，不可吃元宵。如已吃過，再別吃了。」隨告知夏榮久。

二月十九日　下午八時五十五分，夏榮久說：「霍福泰吃藥發汗了，頭疼好一些了。」

二月二十日　正午，夏榮久言：「霍福泰昨天著涼，昨晚吃藥，今天見點輕，還沒有好利羅。今天晚上還吃藥。」

二月二十一日　下午〇點四十分，夏榮久言：「霍福泰今午微須見點輕，還是鼻子不透氣。」

二月二十三日　下午一時四十分，夏榮久言：「霍福泰今天比昨天見輕，還有點傷風，還有一點鼻子不透氣。明天兩三點鐘到府裡來，叫徐侍醫給看看。」

二月二十四日　八時廿分，夏榮久言：「剛至霍福泰家去了。霍福泰由府裡回去到現在，沒有瀉。六點多鐘吃的藥，覺得安定一點啦。」

二月二十五日　上午十二時，夏榮久來言：「霍福泰下午二點到府裡，叫徐思允看。」

二月二十六日　下午〇時五十分，夏榮久言：「霍福泰今天病比昨天強，精神亦比昨天強。」

二月二十七日　下午一點四十分，夏榮久來說：「霍福泰病、精神都比昨天強。明天下午二點進府來，請徐侍醫看。」（《傳差草記》第十八冊）

只是區區一個當差的，而司房把他病狀記得這般詳細，也無非為的是溥儀十分關切。大概溥儀是在富貴中長養的，忽喜忽怒，而喜怒的程度也往往超過常情，不脫公子哥兒脾氣。

九、生活一斑

溥儀每天在宮中的生活怎樣呢？很難具體的描寫。恰好找到一本溥佳的日記，溥佳是溥儀的侍衛官，常和溥儀在一起，看溥佳的行動，也就可知溥儀的生活。

康德七年（一九四〇）一月四日　十時正上班，照例事務後，一時餘上去侍膳、推手、打球，故覺乏累異常。

四月二日　正午還殿，即上去，閒談後侍膳。又至前樓看魚臨帖，並賜タバコ（按，這是淡巴菰的譯音，便指捲煙）多半筒（阿大斯〔按，「阿大斯」乃指半打，是Half Dozen的譯音〕）。四時，退下。

四月十五日　一時半，上去侍膳後，看《推背圖》。人事循還，一治必有一亂，豈有月常圓之理耶？不過一臺戲耳，一笑視之可也。三時半，退下。

四月十八日　一時散朝，即上去侍膳，談諸醜眾獸之事。三時，退下。

四月二十二日　一時許上去，侍膳後，上修理ソガネ（按，是眼鏡）予任ツヤリ（按，是通譯）。二時餘，退下。

四月二十四日　一時上去，侍膳後，練拳。三時，退下。

五月八日　一時餘上去，曬太陽，又赤背練拳。侍膳後，賞舊皮鞋二雙。當此物資將罄之時，實不無小補。二時許，退下。

五月二十九日　二時餘上去，侍膳後，雨中閒步。後看地圖（オロパ〔按，這是歐羅巴的譯音〕），三時四十五分退下。

十二月四日　過午上去，先練習滑冰。侍膳後，吉岡上去，又同上及吉滑冰，稍入門徑，然因年歲關係，笨多多矣。三時半，退下。

十二月二十五日　七時半進宮。八時四十五分，上去侍洋膳。為耶誕節而不說穿，亦矛盾成趣。

溥佳日記後，又有「日記專用語義疏」幾項，其第十項解釋上引第一條中「照例事務」道：「照例事務者，即每日十時半到前樓去樓上，再引導上至後樓，有時帶領覲見。正午侍上還殿後，告大臣等散朝。」一文中「前樓」是指緝熙樓，「後樓」是指勤民樓，「還殿」是指同德殿。然日記中載「照例事務」的地方很少，足見溥儀臨朝聽政也是難得之事。

溥儀向有晏起的習慣，民十七年（一九二八）在天津時，鄭孝胥「二月初六日進呈」詩二首之一說：

我皇出狩雖在外，治術精研逮閒暇。
一朝復辟貴有備，嘗膽臥薪無日夜。
苟能裘衣仍待旦，銳氣已足震華夏。

惰慢邪僻期盡除，當使周宣避三舍。（《海藏樓詩》卷十一，頁十八）

便為針砭溥儀晏起的壞習而作。然而溥儀到了滿洲後，仍沒有糾正。據說，通常是上午十時至十二時間才起身，下午三時至五時間才進午餐，夜餐總在十時以後，到上午二三時才就寢。所以如果第二天早上要有甚麼約會或典禮，常在隔夜關照侍從要早早叫醒他。下面兩段記錄，正是確實的起居注：

康德二年（一九三五）十二月四日　下午十點，嚴宗淵傳：「明日早九點，與樓上通電話，多打幾次。號碼三四一三八、三四一五四。」（《記事簿》〔按，「三四一三八」是緝熙樓上西前間電話，「三四一五四」是西套間電話〕）

康德五年（一九三八）二月十七日　夜內二時五十分，嚴宗淵電話傳：「明晨九時（按，實在應說今早）往樓上打電話，三四一四一。」（《傳差草記》第十八冊〔按，「三四一四一」是緝熙樓上廊子電話〕）

光從文字看，夜間十點和二時五十分還在傳話，已可見溥儀就寢之晚；而到早上九時還要打電話，更可見溥儀起身之晚。下列一段記錄，則又是表示溥儀平日的晏起：

康德五年（一九三八）二月十八日　上午九時五十分，陳曾矩請假銷假，十二時十分見。（《記事簿》）

人家早上九時五十分就來，而溥儀直到中午十二時十分接見，他的晏起更可說是信而有徵了。

溥儀每天在宮中做些什麼事，也可在下面幾條記錄中得知大概：

康德二年（一九三五）十月二十四日　吳效周傳：「查茶房家具，如有破壞損傷，即注帳上。」

十一月十八日　曹裕光傳：「茶膳房發單，不必每日送伊室內。如伊要看時，派人至司房要。」

十二月七日　曹裕光傳：「嗣後單據粘存簿發單上，何人買的物品，將名字寫於單上。」

康德三年（一九三六）一月四日　上交戶口報告表，並諭：「外間要時，即付給。」（以上《記事簿》）

康德三年（一九三六）二月十四日　吳天培傳：「太監張德潤補殿上，月例飯銀均照殿上例。」

三月十八日　吳天培傳：「勵強開除。」

五月十日　（毛）永惠奉諭：「二格格跟來太監一名、媽媽一名，下廚房預備飯食，照外邊飯銀例，每月七元。」

七月二日　吳天培傳：「罰茶房茶役雙長慶、周長端、周春祥，各罰一個月月例。」

七月十九日　（毛）水惠奉諭：「賞還茶房茶役周長端、雙長慶、周春祥各半個月月例。」

十二月十日　上傳：「每月賞德水媽五十元，停止。」

康德四年（一九三七）七月十七日　李長安傳：「罰洋膳房廚役于清和三元，因點心內有蒼蠅腿。」（以上《上傳賞罰簿》）

康德七年（一九四〇）十一月十一日　傳諭：「早晨買物，用（汽）車一次，餘用馬車。」（《毓崇日記》）

這些分明是一個管事或主婦該做的事，而現在卻由做皇帝的溥儀躬親料理指揮，也可反證溥儀的皇帝決沒有萬機待理，正是太過清閒，因有如此心情及於瑣事了。或許這也是摹仿他的祖先，像《宮史》所載，康熙和乾隆諸帝對於宮中事務都是巨細必親的。

十、財產一斑

滿洲國預算中，列有「帝室經費」一項，這是指皇帝本人和直屬各機關——尚書府、宮內府、參議府、祭祀府、侍從武官處等開支而言。康德十一年（一九四四）度預算數為三百萬元，比較十年（一九四三）度二百五十六萬元，增加四十四萬元，（根據密件本年度預算案）。但皇帝本人每年只能開支八十萬元，這在預算中的款目，叫做「內廷費」。按「備考」所載，下列各款都歸內廷費開支：

宮中祭費　陵廟特別祭費　雜祭諸費　陵廟關係諸費　皇帝皇后御親屬舊臣關係非公式私費　供御費（御膳憧、糕點、果品費）　皇帝皇后御服費並所要旅費御使用物品一切之購買費　上賞食饌物品等一切之御內賞費　御內用招待費醫藥費　御特待留學生諸費　隨侍等用人諸費　內廷關係通信匯款搬運一切之費　御內用動物之購入費及飼養費。

每月平均六萬六千六百六十六元六角六分，於每月十一日（有時也有一二天上下），由宮內府內務處交由近侍處理事官送由內廷司房呈進。其由內務處需用科或營繕科承辦事項，核定後，先送會計科付款，每月一結，即在上項六萬六千六百六十六元六角六分內扣清，隨把單據統送司房呈進。

溥儀處分這一筆款，在最初幾年稍有盈餘，在最後幾年逐漸不夠，就利用盈餘來彌補。

內務處核支款項卻很認真，在《司房收信簿》可以看到下列三件：

康德三年（一九三六）八月二十五日，收近侍處函一件，附一件，為花園花匠領上蒿子燈高香二十封，需用科向會計科接洽，謂應由內廷費開支事。

九月九日，收近侍處函一件，為本月二日膳房領提盒四個，需用科估價，每個一元二角，擬由會計科在御用金支付事。

十二月二十五日，收近侍處函一件，為茶房請求大水壺價洋，需用科覆稱，由御內廷費項下支付事。

在同一簿中又見到下列兩件，足證內廷開支也有預算，也要嚴格按照預算：

康德四年（一九三七）十二月二十一日，收近侍處函一件附鈔件一件，為批定茶膳房用五年度冰一萬一千二百五十貫，每貫六分五厘，計國幣七百二十一元二角五分（按，每貫合七市斤半）。

康德五年（一九三八）一月五日，收近侍處函一件，附一件，為五年度消耗品預算減少，勿超過單內數量及不在單內品名。

康德四年（一九三七）四月一日，滿洲帝國政府為設定帝室財產，命令中央銀行發行登錄公債五百五十萬元，年息四厘，每年六月一日及十二月一日付息，於五十年內以債權額償還。這種帝室財產，歸宮內府大臣管理，其生息充帝室的維持、管理、救恤和其他必要的費用。如有餘剩，歸入元本內。元本非經諮詢參議府核議，不得處分。

當清室遜位時，按照中華民國優待清室條例，清室私有財產，仍歸溥儀所有。康德四年（一九三七）二月二十六日，溥儀於是頒發一道敕諭：

朕茲將國內清室原有皇產，除陵廟及應保留者外，一概賜歸國有，著宮內府熙洽傳諭國務總理大臣張景惠欽遵辦理，此諭。

三月十一日，張景惠佈告全國：

關於賜下清室原有皇產事項：

一、清室原有皇產，除左記特殊保留者外，歸屬政府所有。

（甲）奉天之福陵，昭陵，太廟，宮殿。

（乙）興京之永陵。

二、保留之陵廟宮殿等地域範圍，依附圖所規定。

三、吉林之小白山享殿，歸宮內府管理。

四、宮內府所有關於應歸政府之皇產文卷資料，移交政府。

溥儀在遼寧和吉林的地產究有多少呢？在一種祕密文件，康德二年（一九三五）三月土地局所作《關於滿洲皇產之沿革及現況》報告書裡，有下面幾個數字：

遼寧內務府官莊地，約731,800畝，放出685,800畝，未放出46,000畝（此項官莊地分布在瀋陽、新民、遼陽、鐵嶺、本溪、北鎮、海城、義、遼中、興京、岫巖、復、開原、莊河、鳳城、臺安、清原各縣）。

吉林四合霍倫貢山（在額穆、舒蘭、五常縣境）原括森林原野200,000晌，已放出二萬八千餘晌。扶餘，伯都訥摳梨貢廠，已放出2,646晌，未放出尚待測量。舒蘭縣境內皇產土地，約450,000晌，已放出36,412.700晌，未放出413,587.300晌（按，每晌合十畝）。

這種已放出地畝之租金，向歸溥儀自己收入，然像《記事簿》載：

康德三年（一九三六）三月六日，會計科交蘊梨廠齊治堂交大租二百四十三元二毫，即在西花園言語。上傳：「包上，收樓上。」請示入帳，上傳：「不必入帳。」

為數也不太多，今後則全歸滿洲國政府處分了。不過三陵還有許多林產，據康德六年（一九三九）十月奉天陵廟承辦事務處報告：

永陵陵域尚待確定測量。

福陵陵域總面積668.2998陌。

昭陵陵域總面積211.9353陌，內針葉樹林50.7610，闊葉樹林80.1141（按，每陌即一公頃）。

溥儀在天津前日本租界明石街（今名山西路）、吉野街（今名察哈爾路）有永平里房屋一區（明石街一面十棟，吉野街一面八棟），每月可有四千元租金的收入。在二區十三號路，也有房屋一區。如果溥儀不做皇帝，也盡可過他舒適的生活。現在這些房屋，都給平津區敵偽產業處理局委託中央信託局接管了。

十一、平津的留戀

溥儀在天津日本租界，先租住張彪花園；當滿洲事變時，租住陸宗輿花園，他們叫做靜園。溥儀到滿洲後，一直保留至康德六年（一九三九），才又搬往宮島街的協昌里，仍叫做靜園。靜園中儲藏，像圖書、字畫等等，還是很多，吾們可從下邊四個來源得到一個證明：

（一）《行邸原存物品清冊》

列記各項陳設共二百八十三款（據說溥儀離開天津時，把許多貴重物品都賞給他弟弟溥傑，這是剩餘的部分）。

（二）《內廷司房函電稿粘存簿》

善甫叔平均鑒：敬啟者，津園庫內所有皮衣服及被褥等，如天清朗時，務必抖晾抖涼。專此，順頌公安。（康德七年〔一九四〇〕五月十日）

修二爺鈞鑒：敬啟者，見信祈將園中所存瀝水爐大小二件拆卸裝箱，將玻璃管包好，不要損壞。務在毓崇未至津之先，速為辦理妥當，俟毓崇回京至津時，即帶來為要。（康德七年〔一九四〇〕十二月二十三日）

寶煦藻通：奉傳諭：「令三額駙到園取老米，全數攜歸新京。」（康德七年〔一九四〇〕六月

四日）

（三）毓崇致溥修函

據侄佳二叔謂：「上用瓷器及玉器共計五箱，囑辦通關函，由我叔攜帶來京。」（康德九年（一九四二）一月九日，從毓崇文件鈔出。）

（四）《收信簿》

康德四年（一九三七）四月十五日收天津靜園函一件，為園中養之犬小瘸子病斃事。

康德四年（一九三七）七月五日收張寶煦掛號信一件，為園中餵養之黑馬一匹，於本月二十六日因齒老倒斃事。

因為還有許多東西要保管，又因為溥儀在天津還有房產要經租，所以設置一個辦事處。這個辦事處不用滿洲國名義，卻叫做「清室駐津辦事處」。派前面所說修二爺的做處長，其下有辦事員四人、僕役十人，其開支以房租收入抵充外，更由溥儀逐月撥給。據《內廷匯款簿》所載，康德十一年（一九四四）一月至三月份：

靜園經費每月一千九百三十四元；

靜園房租每月三百五十元；

辦事處經費每月九百七十八元。

按溥儀前住張彪花園，每年租金五萬兩，那時稱為豪闊，而每月收支相抵，實虧短一萬數千元。現在協昌里房租每年只有四千二百元，可說已省之又省，然仍入不敷出，據溥修康德十一年（一九四四）十二月間報告，光是員役薪津，每月已需五千二百四十元，而溥儀撥款，一限於本身來源，再限於匯款為難，又不能增加，須得另為籌畫。怎樣籌畫呢？一是把天津二區十三號路房屋，向給醇親王和載濤使用的，收回出租，每月可得租金一千至二千元；二是把天津正金銀行存款提出，交其華帳房主管人魏恩甲男按四分行息出借，每月又可得息四千八百元（均據《溥修信件》第一冊）。

溥儀因關內東西兩陵需要照料，在北平設置一個「兩陵承辦事務所」，派載濤主持其事，其經費也由溥儀按月撥給。據同一《內廷匯款簿》所載，康德十年二月和三月份各匯四千元，其修葺陵寢費用則另由承濟和籌備兩庫動支（參看第十三節）。

溥儀既生長平津，雖做了滿洲國皇帝，仍有許多事物要在平津採辦，載濤和溥修等也便兼當了這種採辦的差使。從《內廷司房函電稿粘存簿》，吾們可見藥物要在平津買，例如：

> 康德七年（一九四〇）七月十八日，電修二爺：「買製首烏三斤，來京帶來。」二十八日，又函大格格：「見信由京買製首烏五斤，買妥，交奎元回新京時帶來。」八月二十九日，函毓科長：「見信由北京天津買強力男性賀爾萌安達羅司鎮西藥五十打。今寄去空瓶一個，照樣買。注意不要女性的。」

再像康德六年（一九三九）八月有一批丸散膏丹：選料珠衣霍香正氣丸一料、萬應菩提丸一料、二母寧嗽丸一料、內方荷葉丸一料、清金膏一料、二冬膏一料、歸元瓊玉膏一料、枇杷膏一料、七味地黃一料、朱砂安神丸一料、人參固本丸一料、雷擊散即雷公救疫丹一料、雷公救急散一料，雖在長春達仁堂訂購，也仍在天津達仁堂提貨。食物要在平津買，例如：

佳二爺鈞鑒：頃奉上傳，由北京買白梨、虎拉車、沙果、玫瑰葡萄、牛奶葡萄、檳子、鴨廣梨、柿子、棗兒、石榴、紅白海棠、酸梨、沙果梨、芡實。以上果品，每樣多買些。（康德七年〔一九四〇〕八月二十七日函）

善甫叔平鈞鑒：見信由津買茶葉六種，計龍井、香片、大方、白鶴、普洱、碧羅春。以上茶葉六種多多買，要買頂好的。買妥，有便人即帶來，或去人取。（十月四日函）

日用品要在天津買，例如：

修二爺鈞鑒：敬啟者，見信由津買沃度兒牙水六打、沃度兒牙膏六打、固齡玉牙膏六打。又買忠勇牌靴油，黑、紫、白、黃四色，每色買些，買妥，有便人即帶來。並再買擦漆皮鞋油。（康德八年〔一九四一〕一月五日函）

修二爺鈞鑒：敬啟者，祈由津派人買膳盆幾件，外面青花加紫華冠魚長雲羅傘著，裡面青花加紫五蝠捧福，碗底「大清康熙年製」。如買妥，有便人即帶來為要。專此，敬請臺安。（康德八年〔一九四一〕八月二十三日函）

廚役要在北平找，例如：

大格格、濤貝勒爺：頃奉上傳，由北京找做中國菜廚役、做番菜廚役、能做果盒茶役。如找妥，速來回音。（康德八年〔一九四一〕六月二十三日電）

女僕也要在北平找，例如：

連祿姐臺鑒：茲啟者，今奉上傳，在北京急速找媽媽三四名，歲數在三十以上、五十以下者均可，找忠厚守舊根本人家才好。如找妥，急速來信為盼。（康德七年〔一九四〇〕二月五日函）

原來溥儀是在平津兩處長養的，所以生活上的需要，還要取給於平津。同時，也可見得所說新京的長春，還是一切匱乏，不足供給皇帝的需要。

十二、手足間的溫情和諧趣

溥儀弟溥傑和妻弟潤麒同在日本留學，溥儀妹三格格嫁潤麒後，也到日本讀書。他們三人起先都住在千葉。溥傑和日本嵯峨實勝侯爵孫女浩子結婚後，獨自搬往稻毛住。他們常和溥儀通信，後來浩子也加入。信封上都用「宮內府奏事處毛永惠」名義（當然這是指毛永惠在宮中時說，毛永惠不在時該有別個名義）。吾們在同德殿樓下一大堆字紙中，發現溥傑等東京來信，封面都開「毛永惠收啟」字樣，其中已空無所有，僅注明「信已呈上」字樣。友人又拾得這批家書兩冊：一題「溥傑三格格潤麒信第四冊」，一題「溥傑潤麒三格格信件第十本」。第四冊粘信二十四通，第十本粘信四十三通。各信都沒有記明年份，但考按內容，可以得知第四冊是從大同二年（一九三三）七月到十二月，第十本是從康德三年（一九三六）十月到四年（一九三七）五月。信中具名，溥傑有時用假名金秉藩，潤麒用假名郭繼英，三格格用閨名韞穎或用莉莉（也寫琍琍）。在這些信中，所說多半是家常閒話，沒有重大關係。可是他們兄弟妹的友愛，卻很自然流露於字裡行間。有時夾著一二故事，很有趣味，但這也許是為迎合溥儀的嗜好，借此作為他們的一種慰藉。下面選鈔幾件，格式一仍其舊，錯字、脫落的字也照寫不改，希望能儘量保持真相（惟自稱名字偏寫的，排字不便，一律排正）。

敬稟者：

月之十七日，連奉大小照片數幀。只惜（小照相）如螞蟻的小人，看不清了，用望遠鏡細看，尚可分辨出一個一個小黑球是穿軍衣的護軍。

皇上為什麼那麼懶，總不寫信？太可氣了！莉現於暑假，終日無事。晝間因熱氣蒸人，直不能讀書。夜間尚屬涼爽，每日在夜間自習兩鐘頭。

皇上每日做何消遣？千萬來信示莉。王爺之目疾，聞甚劇，兩個眼球均變大紅色，莉聞之渾身起雞皮疙瘩不停。莉未與王寫信月餘矣，前日造些謠言，給王寄去言：莉本欲寫信，因偕友滑冰，跌折右腕，不能執筆也。寫畢，不覺自己好笑。現後身體如何？是否仍如從前？白井太太已於前日起程赴新京矣。莉處之老僕人每見皇上來信，必與莉索皇上所書之信封，彼欲寶藏之，莉均未與之。溥恍攜其寵妾雪豔琴來東京，日前萬嘉熙遇彼於銀座，欲為之紹介，萬狼狽而逃。恍之事，皇上定知道。如恍、（溥）佳、裕（哲）者，敗類實為之減色，莉甚優之，務請皇上想相當辦法，以免貽羞於他人也。日前之手諭，已交藩，英觀之。昨日做夢與皇上在靜園打高爾夫球，醒來時，益增想皇上之心矣。回憶去年之今日，實如幻夢一般。

來年又應變成何種局面，實非莉所能推測者也。海內存知己，天涯若彼鄰，這句話不啻為皇上與莉等所寫。現天氣炎熱，務請隨時珍攝，俾可慰遠人心也。謹此恭請聖安。

莉莉謹稟

按此信未記年月日，就「回憶去年之今日」語氣觀之，當為溥儀出關之次年，即大同二年（一九三三），其時則在八月間。信中所說「護軍」便是皇宮近衛隊，「王爺」便是指醇親王載灃，他們的父親。

敬稟者：

手諭俱已奉到，途中並無遺失之慮。此次之照片四幅，亦收到。上次皇上賜（溥）傑、（潤）麒、（祁繼）忠、（張）挺四人之密諭，詢之於傑，彼云已交伊等矣。琍日前患面雀（譯音），中國所謂之為疔。琍初以為係普通之疙疸，並未加注意。後日見痛癢，速延銀座之本田耳鼻科病院為之診治。因彼醫院並非專門，後又聘慶應之外科醫生為之診治，據云：此病確係疔，不可遲延。所幸並非急性疔，當時並無任何危險。但家中諸為不便，與病不宜，非住醫院不可。琍聞此語，於十二日晚七時入院，今日已四日矣，危險期已過，不日可出院，務請皇上放心。琍本想待退院後，再為稟告。無奈非常想念皇上，所以不得不寫。但琍向不言謊語，均係實情。如皇上稍有不放心，便對不起琍。如琍又一句謊，便對不起皇上的。本來不想寫病院地址，因在病院令看護婦發信，非寫院中地址不成。有一件最可笑的事，現報告皇上：

琍在前二日自以為病很重，非常駭怕。但彼時醫生囑令絕對靜養，寫信等事均不許可。琍在晚睡覺時偷著給皇上寫信（遺書的意思），寫畢藏之於枕下。那信已無用了，琍已在廁所焚燒。現在想起來真可笑。但在那時，心中的難過如刀絞一般，一面流淚一面寫（也是琍神經過敏）。現已大好了，想不到又能見最親切的皇上。此信願看完燒了，因為太難了，如此的小膽，太羞恥。現午餐時已到，趕快發信去。務請皇上對於身體多加珍攝。謹此恭請聖安。

琍琍謹稟

（大同二年〔一九三三〕）九月十五日

按此信右邊大書「至誠感人」四字，上下加（）；上邊又橫寫「請勿驚，現已痊癒」，下加……。

敬稟者：

今又奉六號手諭一件，敬悉一切。高宗御題石碑、宣宗御題石碑之照像，切請賜穎一份。皇上謂近用打像匣照許多像，為何不賞穎數張？（穎極願得到皇上近日之御影）隤敳買的是什麼首飾？請一一示穎，並乞告賞穎一共有幾件？都是什麼東西？千萬請皇上公平的分配，別教龢犯夫把好的都拿走。千千萬萬請快賞穎一信。東西如命溥佳帶來，穎太高興了。穎求皇上把東西快快賞下。不然，還有一年的功夫，太長了！皇上能不能允許穎的要求？隤敳一號才動身，還有一天的功夫呢。如佳已動身，就糟了，看穎的運氣如何？電影一卷，照得洗去了。穎等看一遍，立刻寄上。今天太冷，栗山到東京買爐子去，並買些香腸、火腿、花生，預備今晚吃薄餅。謹此恭請聖安。

韞穎謹稟

（康德三年〔一九三六〕）十月廿九日

敬稟者：

謹奉諭示，敬悉一切。隤敳來，交下膠捲二個，現英已照得一卷，（尚未洗得）尚有一份未照得，因英每日由學校回家，輒在午後五六時，非得休息日，不能照也。隤敱在此時，有種種有趣之事，想其當已面稟矣。其中最有趣之一幕，即是一日隤敱來訪麒及溥傑，當時因電鈴不響，無人開門。隤敱在外等候，約三十分鐘，實在無法。最後心生一計，扒上門去，用手將小門開了，一躍而入。當時栗山及下女等皆不知也，後來見客人已入室，彼乃大驚，以為隤敱精通旁門遁甲也。再一日，郵政局忽給麒寄來一大木箱，封釘甚固，且甚重。麒初以為是炸彈，置之未敢開視。後聞其中忽吱吱作響，愈覺其奇怪。正彷徨莫知所措之間，忽見其大動不止，若有物蹲其中然。下女等驚惶失措，面如死灰，以為決無活路也。此時，栗山大告奮勇，遂以斧劈之，木箱裂一小縫，不憶尤其中掉出兩隻小狗來，誠可謂怪中之怪也。後來見信，始知係奥大佐送榮公爺之犬，給英寄來者也。近日英學校甚忙，每日五六時歸家後，尚須作宿題，短者至夜間十二時，長者非至翌早三四時不能完也。肅此謹稟，敬叩宸安。

潤麒謹稟

（康德三年（一九三六））十一月五日

按信中所說「榮公爺」就是榮源，以國丈資格，照例封承恩公。

敬稟者：

屢奉諭示，實因學校功課過忙，未克即時上稟，愴惶不知所措。令吉岡帶來賞英等之拉炮大箱，打開一看，五光十色，光怪陸離，有如聚寶盆。溥傑忽然大喊一聲，幾乎跌倒。究其原因，蓋溥傑只顧奪掠拉炮，未看見自己腳已絆在捆箱繩中矣。韞穎一心搜索首飾，慾火上升，拚命大撕拉炮，十隻手指快如閃電，不憶撕碎數個拉炮，終未看見一個首飾。而所得者，除非肥油，即是捲煙頭。尚有一物，色黑黃而微臭，大家研究多時，不知為何物，想大概不致是○也。箱底之糖，不知是那國之糖，包紙雖是呵呵，而其中卻非呵呵，色白而灰。英以為一定是新發明之糖，於是趕緊連吃兩塊，並未有何奇味，不過稍酸耳。乃告之溥傑，溥傑不信，亦嘗一塊，楞說不酸而愛吃也。後得上電話，始知是舊糖，而嘔亦不及矣。賞英等之錶，太好了，因英之錶已於前日碎破，正無錶也。再咋日往見吉岡，相談甚久。彼問英此次歸國，願在何處服務，抑仍希望新京。英答云：聽軍政部之命令，在何處都願意，未云除非新京不可也。肅此謹稟，敬叩聖安。

潤麒跪稟（康德四年（一九三七））一月十二日

溥傑謹稟：

昨晚謹奉我君賜傑等薩其瑪三匣、爐條一匣，謹此謝恩。方點心之來也，傑及莉莉正言滿洲鍋子如何美、醬肉如何美等，正吞涎訴饞時，適由郵局送來小包四包，詳觀之，有點心字樣，不覺喜躍欲狂，不俟剪刀破縫，即由傑等撕碎其布，其時且開且猜，有言係奶餅者，有言係爐肉丸子者。逮匣蓋一開，原來為意想不到之薩其瑪。當時皆決意不吃晚飯，而飽餐點心。後又思一二頓吃完，其樂也暫，不如徐徐食之，反可享味較大。於是皆以自治克欲相勵，嘗四塊，即嚴加包蓋。並約好：如存耆之子來時，切勿相勸。當傑等食時，皆瞑目澄心，細玩其味，如油之香、糖汁之甜，真有飄飄登仙之感也。莉莉且食且作「喝！喝！」之聲。是時萬籟俱寂，除聞「喝！

喝！」之外，只有唇齒相接聲而已。傑等是時之感激，誠非筆墨所能狀其萬一也。謹此謝恩。溥傑跪呈（康德四年〔一九三七〕）一月二十七日

敬稟者：

頃奉到薩其馬三匣、爐條一匣，穎太高興了。現每日早晨起來必吃。不過想到宮裡一定沒有很多吃時，真覺不忍。說實話，由北平寄來實在太不容易，請以後千萬別寄太多了。現在寫信，忽接吉岡電報，溥傑結婚事已得皇上允許，現傑太高興了。現皇上好多日未賜穎信，穎太惦念，請以後多多賞穎信。今日接龢信說，現身體很好，穎聽很放心。傑現仍迷糊，忽然「呀」一跳，覺已過王爺生日，一個人跑到東京，買了五塊錢信封（太像他做的事了）給王寄去，又忙著寫一封拜壽信發了。回家一看月份牌，還差好多日，又要寫信去更正，穎好容易才攔住他。本莊之妻說：過幾天，帶傑未婚妻來訪。他說：頭一次見面，千萬送一件東西。穎有一個戒指（共有四個翠戒指，把其中之一送他），實在想不出相當的東西來，不知皇上覺得好不好。現已到晚九時，穎太睏了，今天早晨五時半起來的。傑已由校歸家，麒演習去了，這裡太沒有新鮮事了，餘俟再稟，謹此恭請聖安，並叩大喜。韞穎謹稟（康德四年〔一九三七〕）一月廿九日晚

敬稟者：

頃奉到（十五、十六、十七、均已奉到）手諭一件，穎太高興了。皇上說肘花、肘棒、小肚、醬肉等，通通賞穎等，穎實實在在太不忍了。穎真是心裡太難過，吃著反不舒服。由北平帶

到東京太不容易，皇上一些也不留下，穎覺自己太有罪了。點心皇上留下一半，也太少了。請以後別這樣了，穎真不知道說什麼好了，給皇上叩一萬萬個頭。晏森現在太可憐，他的肝氣好了沒有？他實在太倒楣了，——上次在電話裡，他還說：「我給你請安。」穎以為他比穎輩大呢。穎也說：「我給你也請安。」傑在旁大笑說：「他是孫子輩的。」穎也笑了。他還問穎：「你猜我多大歲數？」真是怪人，和穎還沒有見過，就這樣熟。今天正是舊歷年，宮裡不定多麼熱鬧，穎太羨慕了。毛永惠寄的月例，剛剛收到，敢請皇上告他已收到，別催郵局了。現在奎垣夫婦來，穎明日再繼續上稟。謹此恭請聖安。韞穎謹稟（康德四年〔一九三七〕）二月八日

溥傑謹稟：

連奉手諭，我君所形容諸事，皆維妙維肖，事事出傑意想之外。聞北京之小肚、肘花事，傑等皆嗒然，大有迎頭一盆冷水之慨。尤其莉莉，因不能出門，終日閉門家居，無事時輒獨自沉思：爐肉何味？醬肘子何形？故此次聞不及購求之訊，所有打擊，較傑等皆烈也。（現傑洗澡去，穎偷著添幾句：麒演習去了，十三日方歸千葉。穎雖饞，也沒有傑形容那樣饞。圖章頃奉到，穎太愛了，想不到新京刻的如是好。穎謝恩。傑昨日又在本莊處見浩，明日仍到他家去，因休息日，實在太羞了。近日連奉手諭，穎大感激了。宴森的像太醜了。傑說太像，穎因沒見過他，所以不知像與不像。今天正是除夕，宮裡現定正揪拉炮，一定有許多好吃的，堆成山一樣。傑快回來了，穎要偷著走，謹此恭請聖安。）

莉莉太淘氣了！傑回來一看，大吃一驚。欲撕去另寫，莉莉起誓，非令傑續寫不可，精神

上不覺又受一打擊，真可謂太惡作劇矣。我君賜傑之千元，已敬謹拜受，謹此謝恩。再五千元之款，係交本莊者，傑不知其詳，由國務院所撥，更可謂怪事也。謹此跪請聖安。溥傑謹呈。（康德四年（一九三七））二月十日

敬稟者：

奉廿二三號手諭，敬悉二月廿五日舉行冊封貴人典禮，穎謹此謹叩大喜。今日是傑之結婚日，連日奉到電話，穎非常高興。傑等之披露宴，在八時閉宴。潤麒大約九時可歸千葉。明日下午三時，仍到富士演習去。傑等明日到神奈川旅行去，七日回來。皇上賞的別針，穎太愛了，謹此謝恩。

皇上賞穎的像匣是什麼樣？請畫一圖樣，穎太想現在就看，不知皇上能不能等誰來時命帶來。如能，穎太高興。穎近日常累，真不是病，千千萬萬請皇上別惦念。王爺又來信說：任於某月某日結婚。穎現打算給王寫幾個字道喜。餘俟再稟，謹此恭請聖安。韞穎謹稟（康德四年（一九三七））三月三日

按溥傑結婚是四月三日，這裡「三月」兩字，分明是誤筆。

敬稟者：

頃奉手諭，敬悉一切。穎近甚懶，多日未上稟。但身體很好。傑結婚電影，穎尚未看。聞傑

和本莊等均看過。本莊等看麒電影亦大笑，尤其麒舉杯時，大家說非常妙，與一般人不同，一定是假做莊重的樣子。前日晚上有地震。因穎處房日本式，所以門特別響，穎很駭怕。上次穎請皇上畫像匣樣，千萬請畫一個寄下。麒每天必說像匣事，像匣蓋丟了，但沒多大關係。傑結婚日，麒拿像匣去。回來時，他交奎垣替拿著。沒想奎垣向來有忘東西的毛病，把像匣忘在汽車裡。車是在外雇的，號碼及開車的姓名也不知，無法找。所幸匣裡加一麒名片，第二日早晨，大家在沒有發覺丟像匣前，警察署來電話問：「有沒有丟一個像匣？」告昨晚確是丟在車裡，警察令去取。栗山去，警察問：「值多少錢？」栗山說：「四百元。」警察仍不大信，因在日本買須七百元。後告說是滿洲買的，所以便宜。用二十元取回家，不然，他一定要八十元。皇上這次賞的，一定不教麒隨便帶出去，實在危險。今晚麒有夜間演習。穎現要挾頭髮，餘俟再稟。謹此恭請聖安。

牛肉湯四罐已奉到，謹此謝恩。韞穎謹稟（康德四年（一九三七））五月二日

三格格的信，寫得格外輕鬆。她常在信尾添上幾句，記述她當時飲食起居的報告。除上邊所鈔外，再摘鈔幾段：

莉莉現將午餐，今日吃醬湯、破魚、爛蝦。（大同二年（一九三三）九月九日函尾）

數星期前，購一犬，名ケノリ。丁哆嗦到醫院看病，耳聾眼花。聞丁言：恍與琴（坤伶）同卓用

功。莉日前偕英攝一影，大糟特糟。莉病時，栗山（莉所用之老頭）大哭。退院時，看護婦戀戀不捨。（大同二年〔一九三三〕九月十九日函末另注「瑣事欄」）

現在琍一個人坐在日本式的室子裡寫信。下女在旁用熨斗熨衣服，老頭在院種花掃地，ケノリ（小狗）瞪著小圓眼睛看著一匣糖果。請皇上閉上眼睛想想現在琍的情形。現在沒詞了，謹此恭請聖安。（大同二年〔一九三三〕□月□日函尾）

現在正是下午六時，晚餐已預備好。今天吃一個熬白菜，菜雖不多，但適口，頗合衛生也。肚子已餓得咕咕亂響，不能再往下寫了。（大同二年〔一九三三〕□月□日函尾）

現在報告一樣最要緊的事，務請注意：香蕉和白黍（按當是白薯）合在一起有毒，切請勿一起吃。如不信，莉敢起重誓。（前函後）

現穎剛吃完飯。今天晚上吃多了，坐在椅上彎不下腰，有些出不來氣。改日再稟，謹此跪請聖安。（康德三年〔一九三六〕一月十八日函尾）

三格格很受溥儀寵愛，所以寫信一味天真，沒有顧忌，有時還不免鬧小孩子氣，所以大同二年（一九三三）十月二十二日一函道：

第七八號手諭亦奉到。哎呀！皇上說話太肉麻了！什麼小孩別撒刁了！太煩……也不（知）誰是小孩！金聖歎在此，定當批說：「如見其人，如聞其聲。」

十三、和關東軍的關係

滿洲國成立，把溥儀和關東軍間的聯絡付託於侍從武官石丸志都磨。因為此君太跋扈，鬧得雙方反多隔閡，於是要另選一人使通聲氣，最後著落在吉岡安直身上，給他一個名義，叫做「帝室御用掛」。吉岡和溥儀在天津時便很相熟，此刻又是關東軍的參謀，恰好相當。吉岡周旋宮廷和關東軍間，溥儀還能得他多少幫助，而在關東軍方面卻嫌他太過和平，幾次要把他趕掉，因為溥儀不表同意，於是從大同二年（一九三三）直到康德十二年（一九四五）為止。吉岡的官階，先是大佐，最後已升做中將。吉岡要在長春時，每天總有一次或多次入宮，和溥儀相見。溥儀接見外賓，吉岡照例以御用掛身分在旁陪侍。吉岡在勤民樓中有一個房間，供他住宿。吉岡並不會說中國話，和溥儀相見，常是筆談。吉岡會繪幾筆畫，把他的作品送給溥儀（據《日本手卷冊頁掛軸簿》載，吉岡安直先後進自己作品，共有五件），溥儀也給他攝影印出（據《像片玻璃版簿》載，吉岡安直畫照片共有三張）。吉岡在為溥傑婚事回日本時，曾有兩個信寫給溥儀，一件是出發日所寫：

皇帝陛下：

安直暫時旅行不在，本早朝起床，特沐浴淨身，心對十方之神，奉祈陛下之御健康。七日出發之際安直十日一件是歸途中所寫：

小官每朝於東京参拜神社，祈陛下之御安泰。

不知道是否出於真誠（兩函原本，在《溥傑潤麒三格格信件》第十來中）。據說溥儀給蘇聯軍隊虜獲時，吉岡也是隨著去的。

吉岡在溥儀方面的權力，可從下面兩個侍從武官長的摺奏，略得概念：

康德七年（一九四〇）十一月十六日，臣張海鵬奏。為奏請事，竊查新任關東軍參謀長陸軍中將木村兵太郎著京，恭請欽派侍從武官，傳旨歡迎，業蒙裁可在案。頃據關東軍參謀吉岡安直面稱：此事查無前例，請勿庸出迎可也，等情。據此，理合具文奏請聖鑒。（溥儀批：「知道了。」）

康德九年（一九四二）十月一日臣吉興謹奏。為奏請事，竊據帝室御用掛吉岡安直少將通知：此次日本閑院宮春仁王殿下來滿，係偕妃殿下同來，恭請欽派侍從武官長吉興出迎宮殿下之時，對妃殿下同時致歡迎之意。所擬是否有當，理合奏請聖裁（溥儀批：「可」）。

而從下面一件溥僴給溥佳的信中，也可見到吉岡對於滿洲宮廷的事情，怎樣仔細：

二弟惠鑒：久別為懷，前因大兄由京歸來，藉審動止安善為慰。敬懇者，因大兄此次晉京會見吉岡閣下，對於永濟、籌備兩庫租款使用方法，有所詢問。查該款每次動用，均由兄函請兩陵承辦事務處呈由宮內大臣奏請裁可，然後動支。其每次經過手續，均皆有案可查。茲檢同永籌兩庫收入支出表一份，函請吾弟分神飭人逐項將原案查出（如不能查全，兄處存案亦可隨時調閱），持向吉岡閣下詳細說明，俾釋懷念。至於有何指示，務希速復為感。專此，即請近安。兄溥僴謹啟。九月一日（按信封郵印是中華民國三十二年〔一九四三〕九月二日）

按收支表，從康德四年（一九三七）度到九年（一九四二）度，永濟、籌備兩庫租款收入每年計一萬三千元，用於東陵修繕後結存一萬四千二百零八元四角五分，為數可說很小，而就這樣還引起吉岡注意，其他也可推想而知了。

溥儀身邊還有一個日本顧問，叫做林出賢次郎。他是東亞同文書院出身，久在日本駐中國使館服務，中國話說得很好，真可說是一位中國通。他曾隨溥儀到日本，寫成一本《扈從訪日恭記》。他和溥儀感情不差，但是關東軍也嫌他太和平，參謀長板垣征四郎就曾不要他，植田謙吉便把他仍調到中國服務。

在宮中通常駐著四個日本憲兵，其中一人是曹長，約經半年一調。他們住在宮內府對過一所平房內，在勤民樓下也有一個辦公室。由溥儀發給錢米，附在宮內府食堂進膳。他們在宮中做些什麼事，沒有可考，只在《傳差草記》第十八冊中見到下面一個故事：

康德五年（一九三八）二月十五日　下午一時，叫東京二格格電話。由日本憲兵叫接樓上三四一三八（按，這是緝熙樓上西前間電話）。下午一時半，憲兵來電話：東京電話一次時間計七通話。

我曾把這條記錄問過司房舊人，宮中接到市外的電話，是不是必須經過日本憲兵？他們答說並沒有這種約束。所以這樣做，一是表示沒有什麼祕密，二是希望便可接通，減少麻煩。

日本駐滿大使（實在就是關東軍司令，因為兩職規定由一人擔任，同時還就是關東廳長官，三位一體）照例每月要有三次入宮，和溥儀見面。武藤信義時期，定為每月之一日、十一日、二十一日；菱刈隆時期，改為每月之二日、十二日、二十二日。在勤民樓上有一貴賓室，便是為這位大使特設。大使每次入宮，必先到貴賓室稍坐，然後和溥儀晤談。

關東軍參謀長照例每星期上午要向溥儀作御前進講，實在是報告世界大勢。

溥儀也到日本大使和關東軍司令那裡，據毓崇康德七年（一九四〇）日記載：

二月十一日　上午十一點四十分，行幸大使館。下午三點三十分還蹕。

四月六日　行幸大使館。午前十一點三十八分啟蹕。午後三點十二分還蹕。

六月二十日　上午十一點三十分，臨幸大使館午宴。

七月十三日　上午十一時三十八分啟蹕，臨幸關東軍司令官邸。下午二時二十分還蹕。

七月二十八日　下午十一點二十八分啟蹕，臨幸關東軍司令官邸。四時五十八分還蹕。

似乎往來也很頻繁。

溥儀本人對於日本人的感想怎樣，吾們還沒有什麼資料可以說明。不過在溥儀親近的人，顯然表示不滿。溥佳日記裡邊有下面幾段記錄：

康德七年（一九四〇）七月十五日十時餘，因有詔書渙發侍班，擦屁（股）紙一張，毫無所益。

七月十六日　十時，由宮相恭讀詔書，即所謂立廟而發之者。又胡亂訓話之後，即禮成。十二時二十分侍班，見大屎並其幕僚等，後即開宴冷食。

十月十七日　十時許，齊集候見室，消毒後，至同德殿門前侍候。此時狂風怒吼，塵砂蔽天。予等大有弱不禁風之勢，竟不能立穩。如此大風，亦殊罕見。十時半，上同大使至神寺致祭，上帽亦被風吹去。正當防疫（按，此是鼠疫）緊張時，如此惡天親行，真不知何所防也。奇怪至極（又眉批：「滿洲稱為嘗新祭，此所謂東施效顰者是也。所差強人意者，即放假是也。」）。

十月十一日　十時四十五分進府，因日本二六〇〇年奉祝式，我國何敢後人，亦於興運門外由鹿次領導，向東方遙敗，並唱伴災及國革。未有準表，故冒場二三分，大大可噱。及解散，步行而歸。

第一條所說「大屎」原是把「大矢」諧大使。第四條所說「遙敗」便是遙拜，「國革」便是國歌（「伴災」也是兩個諧音字，但未明其真義）。蓋有心寫別字，以洩其憤慨。毓嶦日記也有這種表示：

康德十二年（一九四五）四月三日　本日放假，緣故見四月之頭一篇。

按前頁「四月行事」載，三日為神武天皇節，蓋不屑明寫也。

五月二日　到六時，又詔書渙發，今日十周也。

按康德二年（一九三五）四月中，溥儀訪日，回來後，於五月二日宣詔稱頌日本，以後每年此日定為紀念。毓嶦在這裡下一「又」字，也是皮裡陽秋之意。

十四、和日本貴族的聯姻

溥儀弟溥傑和日本侯爵嵯峨實勝孫女浩子結婚，可說是吉岡安直秉承本莊繁意旨，一手作成，就可引吉岡親筆信為證（按，原信在《溥傑潤麒三格格信件》第十本中）：

極秘皇帝陛下：

安直一月十日到東京，於東京驛會見溥傑中尉。

同日，溥傑中尉同直、本莊大將會見，商議結婚之件。關於嵯峨侯、中御門侯、毛利男、高倉子等之令娘，詮議溥傑中尉為嵯峨侯方一候補。

右之結果，關於結婚之件，對嵯峨家商議。嵯峨侯父母關滿洲國精細質問，本莊大將與小官對質詳細答解。

一月十八日，溥傑中尉與嵯峨家會見。在會見之後，下官東京發，途中與南總督會見，歸京之立定。

右奏上。

時康德四年（一九三七）。嗣後在二月十八日訂婚，三月三日結婚。兩人訂婚前後情形，三格格有報告給溥儀：

皇上不是問傑、浩的韻事麼？穎特報告：彼二人每日通信，浩的信，傑均與穎看。他說：「我真是最幸福的人。我向來看見什麼人都不羡慕。我最喜你的純潔的心。我為滿洲國死了也願意。我到神社，趕快把我的惟一快樂的事報告了。」還給穎去信說：「我是一無所長的人，什麼事情請你不客氣的教導」等等。等他結婚後，穎打算把滿洲的禮節一一教給他。穎還打算做一件滿洲衣送他，使他完全像滿洲人一樣。（康德四年〔一九三七〕二月十九日）

溥傑也有信給溥儀自白：

……我君諭示云云，對傑實可謂對症下藥，謹當銘心識之，決不願再踏太阿倒持之覆轍也。幸浩之為人，較諸前者，顯明大義。當言及我君時，輒肅然正襟；當瞻拜御容，輒立起瞻仰。即對莉莉，亦有禮有情。如莉莉穿鞋時，立將鞋把子遞過。諸事皆怡聲請教，總自懼有失我國之禮等。傑睹之，殊覺痛快也。現時常向傑通信，有時亦常見，然絕不似時下摩登輕佻之流，作肉麻態，如電影然。總是情禮並重，如規傑少飲酒，保身體，及勿吸最賤之煙等，皆使傑得一種精神上強有力之安慰。且常識絕不似奎垣之妻之流，卑俗俚野，如老媽子然也。每事必請示於傑，得允許，始行之。又如上次見時，談笑頗暢，次日即來函告罪，言：「昨夕因過於愉快，致騷笑過度，務請勿怪，此後當作淑靜態度，再不敢如此輕浮也」云云。似此等事甚多，皆前者所絕無之

處也。（二月十日函）

近日每當紀念日及慰勞休假日，傑時至嵯峨家。因傑欲使浩知傑為何如人，傑亦可藉知其性質如何、思想如何、知識如何，免重蹈前次之失也。現浩對傑之心理頗理解，亦頗服從。在訂婚以前，其父母及吉岡等囑傑勿言曾與怡瑩結婚事。後傑因思既欲彼此真能互相瞭解，自須事事相見以誠，秘之不言，與騙人何異。最近遂將一切經過詳告諸浩。渠初聞此言呆若木雞，半刻不能言，後痛哭終夜。至次日始對傑言：以前種種譬如昨日死，以後種種猶若今日生。從此彼此誓以至誠，相信相依，以前之事譬如惡夢，彼此誓忘之無餘，更誓彼此至死皆絕口不談此事。現已和好如初矣。（三月五日函）

當將結婚前，溥傑又有一函述其遭遇，可作這一個故事中的插曲：

日昨有名澀谷正吉者（年八十餘歲）訪傑言：欲將家藏之佛塔（三百餘年前物）一座進貢我君，據云為日本第一者，高丈餘，周圍五尺餘，重千餘貫。傑比告以可向我大使館議定正式手續，彼亦首肯。自言年雖八十，尚能舉米一俵，且行走亦不拄杖，真是鶴髮童顏之概。且意極誠懇，言自信可活至百歲。因不能赴吾國，故獻此塔，以祈聖壽無疆、國祚無窮而已。對傑之結婚，且有所贈，且致勉勵之詞。傑當時真不覺感激泣下，當與堅固握手而別。傑現在雖當婚期日迫，仍通學如故，悠閒如故，身未嘗辦一事、未自備一物。傑之友人等皆訝怪不已，這真可謂溥傑式的辦事法，皆掩口葫蘆，笑傑之憾也。（康德四年〔一九三七〕三月十九日）

結婚典禮係在東京軍人會館舉行，溥儀特派宮內府大臣熙洽代表主持。事後，溥傑有函報告溥儀：

傑之結婚時，辱承聖諭諄諄，勖以修身齊家之道，復由宮內府大臣傳以優渥聖旨，傑等仰沐殊恩，惟有感激，誓副聖意，所期二人相勖相礪，致力於修身齊家二事也。傑等於四日即赴伊豆之川奈旅館住泊，至八日始回稻毛新居，次日照常入學校矣。……浩對於家中諸事，事無巨細皆親自操作，甚至蓬首蔽衣，收拾一切。傑不在家時，自以簡單食物果腹。傑歸時，將撙節之餘，豐饌為餉。誠傑生以來初次嘗到此種家庭之幸福也，較之怡瑩，實不啻有天壤之差之感。（康德四年〔一九三七〕四月十二日）

浩子也有一函：

浩自此次與溥傑訂婚以來，即立志（為）滿洲帝國之人。雖言語、禮節尚未熟諳，矢當努力從事練習。三日結婚時，拜聽御賜數語，不覺感激涕零。此後更當努力奮勉，決不敢稍違聖諭所期也。（康德四年〔一九三七〕四月十二日）

三格格另有一函：

昨日溥傑生日，請本莊夫妻及嵯峨家的人並麒、穎二人。穎因現易感疲勞，所以沒去。晚上，本莊等送麒歸家，大家很高興。穎告本莊：傑這次結婚，皇上非常滿足，三號那天，賞二次電話，問這邊的情形。本莊很感激的。（康德四年〔一九三七〕四月十七日）

其後浩子更有一函：

恭聆聖諭，感激無已，惟有謹遵依旨意所在，競競業業，莫敢或渝，一息尚存，矢死靡他。惟翹首九月早臨，得早日瞻仰天顏，敬承聖訓，實浩畢生之大幸也。各種家庭之照片等，候洗出當早日進呈。惟因僻居鄉間，無照像館之故，較諸東京，實不可同日語也。即魚肉等物亦無可購求，實不便也。不過面海之故，風景頗佳。有時同傑赴山中採仙蘑，更有時至海濱拾蛤類。星期之日，亦殊可樂。現搜集奇異貝殼多種，不日可裝潢成匣，當即日付郵，恭呈御覽也。浩對於對對字一事，因不諳平仄之故，不克屬對。滿文（按，滿洲國文字便用漢文，彼方自稱滿文，並不是從前的滿洲文）之信，只克寫出大意，請傑改飾，尤其不諳奏牘樣式，更不敢率爾執筆也。（康德四年〔一九三七〕四月二十日）

溥傑與浩子，後生二女。據《記事簿》載：「康德五年（一九三八）二月二十六日，上午八時，二爺來電話：今早五點鐘得一女，母子均平安。」該是他們生於長春的第一個女兒吧！

十五、宮中的建築

溥儀初到長春，住舊吉長道署。稍後，遷入地處市區西北之舊吉黑鹽務稽核所。把北部房屋叫做勤民樓，為治事之所；南部房屋叫做緝熙樓，為膳宿之所（俗稱寢宮）；西部房屋叫做西花園，有植秀軒、暢春軒，為遊息之所。是為執政府。稱帝以後，就勤民樓布置東、西兩便殿（東便殿一名健行齋），並設奉先殿。又於康德元年（一九三四）在勤民樓東，增築懷遠樓一座，樓上叫做清晏堂，為賜宴之所。三年（一九三六），在緝熙樓東增築同德殿一座，溥儀常在這裡憩息和進膳。九年（一九四二），又在懷遠樓東增築嘉樂殿一座，從此賜宴改在這裡，而放演電影等則在懷遠樓。這就是宮廷的規模了。

外圍宮門有四，南部東側為來薰門，西側為保康門；北部東側為含宏門，西側為體乾門。內部宮門，試以民勤樓為中心，則其南為承光門，相對為中和門，門外便是緝熙樓；其東為迎暉門，門外便是懷遠樓；其西為迎運門，門外便是宮內府，府西為興運門。通常係從保康門、興運門和迎運門出入。

緝熙樓後有平房一列，是內廷司房和侍醫等所在。

同德殿前土山下有御用防空洞一所，據云深可三丈，外裝三道鐵門，內裝換氣設備。在興運門西邊，本還在築一個防空洞，規模很大，可容全部宮內人員二三百名，沒有完成。

同德殿後有樓屋一所，這是儲藏溥儀所有圖書、字畫之處，稱為書庫。

嘉樂殿東有平屋一列，為警衛駐宿之所。

興運門對過平屋一列，為御車庫。

在宮門東南角有一座日本型式的神廟，祀天照大神。

如上所述，宮中建築輪廓已明，再把我幾次去看時所得印象，作一概括的敘述。保康門口，空中用竹桿斜挑著一面蘇聯國旗，那鮮紅色已變成暗紫色，旗上圖案也已模糊不清。第一次去時，門崗上還站有一名警察，以後去時就不見站崗，只藏在裡邊臥室中，偶然出外巡邏一回。宮門是斜掩著，聽遊客馬車直駛到興運門外，或者更進門停在民勤樓前，沒有絲毫攔阻。宮中到處是垃圾堆，凡是稍值錢、可以拆取的，大都已搬運一空。據說最初搶劫破壞的，正是溥儀的近衛隊。當溥儀上通化時，宮中還保持著原有秩序，及至蘇聯盟軍進入長春市，這一批近衛隊儘先搶了東西，四散逃亡。以後無人管理，也就無形開放，任何人物可以進去，任何東西可以拿去。一次看見有某機關在專拆電話機和電線，又一次看見有某機關在專搬家具（當然已是剩下的）。一般遊客——包括三三兩兩的盟友，只在垃圾堆中翻騰搜索，其情形很像上海弄堂口垃圾箱邊的拾荒者。於是宮中情形，每去一回，只見空虛一回。最後所見最值錢而還完整的，只有三件東西：一件是白漆活動椅，起先以為是溥儀的理髮椅子，後來才知道是給溥儀治牙用的；一件是屋頂大電燈，玻璃瓔珞還在燦爛作光；又一件是丈把長、墨綠漆的人字形鋼梯。這三件東西，好像都在嘉樂殿中。民勤樓外西邊，有一列平房已局部倒坍，一片斷垣，孤零零地、顫巍巍地站在雪地上。嘉樂殿上下各有一個房間曾經火燒，門楣、地板焦痕宛然。各殿御座都已撤毀，只剩門屏上蘭花國徽（按，以蘭花為國徽，取義於「同心之言，其臭如蘭」，也就是象徵什麼所謂的日滿兩國攜手合作）。各室門窗，多數開著，碎玻璃散布其下，靴尖觸處鏗鏘有聲。靠近院子部分，一任雪花飄入，地板上也留著東一堆西一堆的雪。有兩三個房間原是上鎖的，大概因沒法打開，便把門板戳穿一個窟窿，人們在窟窿中鑽進鑽出。

在緝熙樓某一個房間中，發現一隻玄色緞子高跟鞋，想來是皇后穿的。那個假三層樓，宮中叫做「樓頂」，中間一室，架上還留有幾種國藥；東邊一室，羽毛飛揚，似乎曾在這裡撕破了一條鴨絨被；西邊一室，放著許多箋紙，有的黃絹屏聯已經寫字，似乎是溥儀的手筆。不知怎樣溥儀或皇后歡喜人體模型或假人，在緝熙樓、在同德殿各有兩三架倒在地上，或已身首異處，或經五馬分屍。據《像片玻璃版簿》，這種假人也曾上過鏡頭，有穿便衣的，有穿軍衣、戴眼鏡的，也有穿軍衣、戴帽、戴眼鏡的。

奉先殿中沒有神牌，或許便像毓嶦日記所載，還在防空室（參閱第二十二節），供臺上只剩一二隻拷栳椅，其模樣恰像在北平太廟所見，只是小型的，好比小孩子所坐。殿前又有兩間屋子，東邊一間留著一個某皇貴妃的神牌，大概這裡就是宮中所說的「四太妃案前」；西邊一間留著兩個福晉的神牌，便是醇賢親王二側福晉和醇親王福晉。

同德殿前面廊中堆著沙包，屋簷懸著偽裝網，這是宮中惟一戰時景象。

嘉樂殿中有一間屋子，專放飲食用具，許多刀叉杯碟都已不翼而飛，只剩空匣空屜。據說這是溥儀賜宴所用，有的銀製，有的名瓷，價值很可觀。

書庫中手卷、掛軸，都已把心子截去，光剩兩端梗子。冊頁也光剩兩面夾板，圖書也光剩匣子和櫃子。撕破的日本影印的《玉篇》手卷，長長地橫眠在這裡那裡。

宮門名稱有製成直行牌匾的，都已卸去，或還丟在牆陰壁角，或製成立體字形，橫釘在牆頭，多半已零落不全或傾斜不正。

總之，一切破壞很澈底。吾們看了，雖說不上銅駝荊棘之思，也不能沒有華屋山丘之感。同德殿屋頂向被積雪掩蔽著，一次天暖雪融，稍稍露其燦燦之色，原來是還照清室體制，用黃色琉璃瓦裝成的。

在長春新都建設計畫中，規定為溥儀另造宮廷，其地址便是溥儀登極時舉行郊祀典禮所在的杏花村。康德五年（一九三八）九月十五日（即日本承認滿洲國日），舉行興工典禮，其節目飽含著神祕色彩。先由神官修祓，接著降神、獻饌、讀祝，更有刈初之儀，入鍬之儀。終於把十三氏玉串奉奠，叫做納寶之儀。康德五年（一九三八）十一月份《斯民畫刊》對於這一個典禮曾有詳盡的描寫，現在把計畫中的宮廷構造鈔在下面：

新宮廷之營造用地，南北約一千二百米，東西約四百五十米，全面積約五十一萬二千平方米。南面與仁大路，東西則以東西兩萬壽大街環繞之。該用地係一前方後圓形狀之地域，南方則為各官廳會社，建設於其兩翼，順天大街之北端則為國務院及政府中央各官署焉。

在宮廷營造計畫上之宮廷用地，大要分為三部：南部即為正門外大廣場，中部則係以正殿為中心之外廷，北部乃以寢宮為中心之內廷是也。

（一）正門外之廣場面積約十二萬五千平方米。在廣場之內，築以縱橫直交之兩大道路，並於正門前設約為三萬平方米之空地，其餘則全部植以花卉草木，以資保持宮廷之尊嚴而調和其風景，同時亦便於民眾之遙拜。

再除大廣場以外，所有內廷、外廷全部圍繞以莊嚴之外牆，正門及必要之處所亦均配置以側門及哨壕，並在牆外環繞萬壽大街之全周設置綠樹地帶。

（二）外廷外廷之南側，自其中央正門起，間隔約四萬平方米之前庭，以迴廊圍繞之，可直達於正殿。正殿為有地下室之二層樓房，建築面積約五千平方米。共占面積約一萬五千平方米。在其內部，設以正廳、覲見室、候覲室、大小賜餐場及其他之各室。於正殿前庭之兩翼，則配置以宮內府、尚書府之廳舍，及其他各辦公室、侍官宿舍等。

（三）內廷內廷之中心為寢宮，亦為有地下室之二層樓房，建築面積約三千平方米，共占面積約九千平方米，專供皇上日常之起居。距中庭，與正殿相對，以長約百米之步廊連繫之。寢宮北方之後苑，在外牆內更設以內牆，使之為外苑及內苑。內苑之內，全面積約十四萬平方米，利用地形之起伏，在中央浚以池塘，各處築以丘陵，並於林泉之間適宜配置臺閣樹木等，以調和風景而備皇上之遊覽焉。

溥儀出走時，後部房屋底層已架起。我於一天清晨驅車經過，望見鋼筋矗立，紅牆環繞，偶有一二處已傾圮。後面小丘，樹木修整，確有相當規模。所惜此時只有空虛冷靜，邪許無聲，偶聞寒雀啁啾，若助遊人之歎息。

十六、宮中的機構

滿洲國皇帝直屬的輔弼機構有五個：

參議府

祭祀府

尚書府

宮內府

侍從武官處

參議府備皇帝作政事和法律上的諮詢，祭祀府專管神廟和祀典，其官署不在內廷，姑且不說，光說尚書府、宮內府和侍從武官處。

「尚書府典守御璽、國璽，並掌關於詔書、敕書及其他文書之用璽事務」（尚書府官制第一條），換句話，只是皇帝的監印官。體制雖崇，職務很簡，全府官員只有五六人。按康德四年（一九三七）九月六日，尚書府大臣袁金鎧奏：

> 竊查臣府向遇有大宗鈐璽文書，均係請璽到府，恭鈐訖，仍將鈐用件數，奏明呈覽，應照舊辦理。所有日常少數鈐璽文件，擬隨時派臣府秘書官一員，賫呈清單，進宮侍候鈐璽，以期慎重而

免疏舛。這就說明了監印的手續。國璽方八十五公厘，文曰「滿洲帝國之寶」；御璽方八十二公厘，文曰「皇帝之寶」。

宮內府「關於帝室事務，任輔弼之責」（宮內府官制第一條），分總務處（有總理和文書兩科）、內務處（有會計、營繕和需用三科）、近侍處（有承宣和典守兩科）、掌禮處（有典禮和典謁兩科，更有一樂部）、侍衛處（不分科）、皇宮近衛處（有總務、警衛和保安三科，更有一消防隊），更有一帝室會計審查局。

侍從武官處「侍從武官長及侍從武官長川侍奉，任關於軍事之上奏、奉答及傳達命令。凡觀兵操演、巡幸及其他祭祀、典禮、燕會、覲見等，均陪侍扈從」（侍從武官處令第三條）。

現在把康德元年（一九三四）到十二年（一九四五）間兩府一處歷任首長，查編一表（根據滿洲國各種職員錄和其他文件）。

表中幾個日本人，更可以約略說一下：尚書府秘書官長武宮雄彥，做事專橫，包攬一切，且壓倒宮內府，大家對他不滿。武宮雄彥終於去職，而尚書府秘書官長一席也就從此虛懸不補人。宮內府次長入江貫一，原是日本宮內省老人，他在被調到滿洲任事以前，提出一個條件，便是要由他按照宮內省規模做事，總算是一個穩健派。工藤忠原是一個日本浪人，早先和宗社黨首領升允往來很親密，正是一位清室復辟運動中的健將。一次溥儀穿西服，騎假虎，工藤忠在一旁挾住虎頭，就這樣大家攝入一個鏡頭（據《像片玻璃版簿》），也可見他們的君臣關係非尋常可比。

	康德元年 一九三四（九月）	康德二年 一九三五（十二月）	康德三年 一九三六	康德四年 一九三七（五月）	康德五年 一九三八（五月）	康德六年 一九三九（四月）
尚書府						
大臣	寶熙【瑞臣京旗】	袁金鎧【潔珊遼陽】	袁金鎧	袁金鎧	袁金鎧	袁金鎧
秘書官長	加藤內藏助	高木三郎	高木三郎	高木三郎	武宮雄彥	武宮雄彥
宮內府						
大臣	沈瑞麟【吳興】	熙洽【格民吉林】	熙洽	熙洽	熙洽	熙洽
次長	胡嗣瑗【晴初貴陽】	入江貫一【看山】	入江貫一	入江貫一	入江貫一	荒井靜雄
總務處	許寶蘅【季湘杭縣】	許寶蘅	許寶蘅	許寶蘅	許寶蘅	許寶蘅
內務處	寶熙	商衍瀛	商衍瀛	商衍瀛	商衍瀛	羅福葆君羽上虞
近侍處	陳曾壽【仁先蘄水】	陳曾壽	陳曾壽	陳曾壽	佟濟煦	佟濟煦
掌禮處	許寶蘅	張允愷【季才豐潤】	張允愷	張允愷	張允愷	張允愷
警衛處	佟濟煦【楫先】	佟濟煦	佟濟煦	佟濟煦	長尾吉五郎	（併為皇宮近衛處）
侍衛處	工藤忠	工藤忠	工藤忠	工藤忠	工藤忠	工藤忠
帝室會計審查局	商衍瀛【丹石番禺】	林庭琛【子獻閩侯】	闞文印【代】	加藤內藏助	加藤內藏助	加藤內藏助
皇宮近衛本部		奎福【醒吾北京】	奎福	奎福	玉琦佩之吉林	（併為皇宮近衛處）
皇宮近衛處						長尾吉五郎
侍從武官處						
侍從武官長	張海鵬仙濤錦縣	張海鵬	張海鵬	張海鵬	張濟鵬	張海鵬

	康德七年 一九四〇（三月）	康德八年 一九四一（一月）	康德九年 一九四二（十一月）	康德十年 一九四三（一月）	康德十一年 一九四四（七月）	康德十二年 一九四五（八月）
尚書府						
大臣	袁金鎧	袁金鎧	袁金鎧	袁金鎧	吉興	吉興
秘書官長	武宮雄彥	武宮雄彥	武宮雄彥	武宮雄彥	（以後虛懸不設）	
宮內府						
大臣	熙洽	熙洽	熙洽	熙洽	熙洽	熙洽
次長	鹿兒島虎雄	鹿兒島虎雄	鹿兒島虎雄	荒井靜雄	荒井靜雄	荒井靜雄
總務處	許寶蘅	小原二三夫	小原二三夫	小原二三夫	小原二三夫	小原二三夫
內務處	羅福葆	劉傑三【開原】	劉傑三	劉傑三	劉傑三	岡本武德
近侍處	佟濟煦	佟濟煦	佟濟煦	金智元	金智元	毓崇【叔重】
掌禮處	張允愷	羅福葆	羅福葆	羅福葆	羅福葆	羅福葆
侍衛處	工藤忠	工藤忠	金智元【稚元長白】	金智元	金智元	陳懋侗【愿士閔侯】
帝室會計審查局	關文印代	關文印	澤田幸雄	澤田幸雄	澤田幸雄	劉傑三
近衛處	長尾吉五郎	長尾古五郎	人澤寅一	大澤寅一	大澤寅一	大澤寅一
侍從武官處						
侍從武官長	張海鵬	張海鵬	吉興	吉興	張文鑄【訥河】	張文鑄

至於幾位滿洲人，可以說的：吉興和熙洽是兄弟，同在日本陸軍士官學校畢業，吉興學的是炮兵，熙洽學的是騎兵，熙洽兒子熙輪奐也在宮內府做侍衛官。佟濟煦原是北平廊房頭條胡同同生照相館掌櫃，因常到宮中給溥儀照字畫，遂成相識，引入內務府當差，從此棄商為官。三格格信中有一段描寫他的趣事：

佟濟煦於十九日晚來莉處，同時交下手諭及照片等物。幸莉見佟時，還未看皇上的訊，如不然，定將其笑毛。佟著軍服，仍按從先的規則，請大安。當時莉笑的幾乎出聲音，佟用雙目大飄，莉始止笑。今日（星期日）……佟於午後二時亦來，佟之態度仍如前，言語亦未敢其舊病，如沒有仍讀妹有，莉等不覺相視而笑。（大同二手〔一九三三〕十月二十二日）

金智元是溥佳的假名，不過愛新覺羅譯義本為金姓，像稱為川島芳子之顯珍，到滿洲國後改名金璧輝，世是以金為姓。溥佳是載濤的兒子，從小和溥儀在一塊兒玩耍，也曾在日本陸軍士官學校等處肄業（據說滿洲國初成立，溥佳以金智元名義服官，後來要求更正，給國務院所拒絕）。

此外幾位漢人也可一說：陳懋侗是陳寶琛的兒子。羅福葆是羅振玉的兒子。林廷琛因為淑妃離婚的案子是他經手了結，故溥儀就引用他。

滿日官員怎樣共同辦事呢？姑舉一個例：康德元年（一九三四）八月二十一日，內務處處長商衍瀛簽呈，擬將熱河境內皇產暫托地方政府管理，宮內府次長入江貫一在呈尾用日文作如下的批答：

皇產ニ關スル根本的經理方法確立スルニ到ルマテハ暫定的ニ熱河省ニ其ノ管理ヲ依託スルヲ可ナナソト認ム

起首蓋「入江」朱紅圓印，末署「貫一」字樣。另紙粘譯文：

關於皇產根本經理方法確立以前，暫定依託熱河省管理，此事認以為可。

宮內府大臣當於原呈自己銜名下批：「即照次長意見辦理。」

滿籍官員做事怎樣應付日籍官員呢？也姑舉一個例：康德七年（一九四〇）八月，內務處一位科長恩棣因病辭職返北平，懸而未決，毓崇日記云：

十一月二十日處長上奏恩辭事，當諭：「現在無人才，不能叫他辭，因病可叫他醫治。」

二十一日恩事，處長將昨傳諭話陳明大臣，當諭：「既有上諭，當遵行之，不必預先向次長人事方面說。如詢時，再以上諭對說耳。」

日籍次長平日做事如何，正可在辭氣之間見到。

但尚書府、宮內府和侍從武官處雖設在宮內，還只是給皇帝做外邊的事。真正在皇帝身邊做事的，叫做內廷司房，還有專給皇后做事的，叫做內司房。司房中有的是宮內府屬官，有的是太監，統共四五人，也沒有一個首領，大家只是照皇帝吩咐，或按向來習慣做事。司房職務很為複雜，給皇帝管錢、買東西、記帳、收信、寄信、寫信、簿記各種物品、管藏書畫，都是他們的工作。此外每天氣候，也由司房負責記下，像《天氣晴雨簿》所示，天晴、天陰、下雨、下雪、天熱、天冷，都逐天記明它們變遷的時間或度數。就是那天有什麼祭祀，也連帶記上。宮內一切消毒，也歸司房負責辦理。像外邊遞進的書報，都要經過消毒，然後送給溥儀。便是福貴人進宮時，第一步也先在司房消毒。司房也是一個招待室，凡是要見溥儀的，都在司房候傳。內廷還有一個奏事處，不過這是只有名義，實在也只是有些司房中人被指定做了皇帝的傳達，沒有什麼組織。

內廷夫役約共在六十名上下。溥儀本已命令廢止太監制度，不過原來太監照常在宮中當差的，也仍叫做太監（通常面稱為「老公」）。據《內廷司房函電稿粘存簿》載：

> 康德八年（一九四一）九月二十九日函（北平）大格格：「日前由毓崇回京帶來西餐廚役徐華亭、中餐廚房馮忠喜二名，因經新京醫院方面檢查身體有病，與其治療，均不治療，願回北京，已令返回北京矣。」

於此可見內廷雇用夫役，也已有需要經過身體檢驗的習慣。

十七、宮中的食衣住行

溥儀不和皇后一起吃飯。陪溥儀一起吃飯的，是一些侍衛官，或宗族弟侄輩。有時吃西餐，宮中叫做洋飯。有時也吃日本料理。

宮中伙食開支，據《膳房日用簿》載：

康德元年（一九三四）十二月份，通共用洋五百五十六元四毛一仙。（第七冊）
康德二年（一九三五）三月份，通共用洋五百八十七元九毛二仙。（第七冊）
康德三年（一九三六）六月份，通共用洋六百零一元四毛五仙。（第十三冊）
康德四年（一九三七）七月份，通共用洋六百零二元二毛四仙。（第十八冊）

又據《洋膳房日用簿》第二十冊載，康德五年（一九三八）：

十月份共用洋二百七十九元六毛九仙。
十一月份共用洋四十三元一毛二仙。
十二月份共用洋二百二十二元零八仙。

因洋飯不是常時吃的，故每月用費很有參差。

宮中所用牛乳，是自養乳牛生產。乳牛原有三頭，後來繁殖到五頭，但是所產還不夠供給所需。不夠的數量，取給於大和旅館。

康德十年（一九四二）九月，宮內府認為大局已入非常時期，籌畫溥儀等上用食品和飲料。食品以六人在兩日間所需食料連調製和供奉用具為一組，計準備兩組：一組安置同德殿，一組安置近侍處。這是緊急上用食料，倘遇非常行動，務須攜帶其一組。此外更按規定種類，經常保持二十人在一個月間所需之食料。其中屬於統制物品，不能長期保存的，責成新京特別市市長確保設法供給，隨時送到，其餘由近侍處負責購存。上用飲料經常保持清水四百斤，分藏十個容器，每器二斤，和上用緊急食料安置在同一地方，倘遇非常行動，一併攜帶。此外置備非常用吸水器械一具，預置內廷適宜地點，並先訓練使用人員。倘遇自來水或井水都不能取給時，便可使用。

同時，近侍處科長毓崇簽呈：「內廷人員飯資，每分九分。因菜蔬統制，分區配給，現貨極少，購買頗感困難，改為二角。」康德十年（一九四三）九月九日，由趙炳武傳諭允所請。

溥儀的衣服，平日常穿西裝，宮中叫做「洋服」，也偶穿中國袍褂。遇大典，穿西式大禮服或軍裝；遇宮中祭祀，穿清代衣冠。當他開始做滿洲國皇帝時，舉行郊祀典禮，穿的是清代朝服。榮惠皇貴太妃也曾送他龍袍全分。康德元年（一九三四）四月，溥儀還派侍衛官存耆，在北平大柵欄祥義號綢緞洋貨店，定購黃貢緞繡流雲十二章全龍立水袍裁料一件、黃實紗繡流雲十二章全龍立水袍裁料一件、天青江細繡流雲四章四正全龍褂裁料一件、天青實紗繡流雲四章四正全龍褂裁料二件，通共用去國幣三千三百三十二元九角五分。同時，給皇后定做明黃緞細繡五彩鳳凰牡丹旗袍一件、姣月軟緞細繡五彩鳳凰牡丹大坎肩一件、姣月軟緞細繡五彩鳳凰牡丹緊身一件，通共用去國幣六百八十二元四角二分（據御用龍袍褂單和祥義號發票）。

宮中似乎也穿日本衣，據《衣料簿記》載：

第三三三號　日本白地紅花衣料一件

第三三四號　紅地花衣料一件

康德二年（一九三五）十二月十七日，上用做日本衣。

色彩既屬紅花，想是皇后穿的。皇后從北平到天津時，本曾改扮日本裝。

溥儀穿禮服或軍裝，必得傳吳光培幫忙。

溥儀眼光並不近視，但歡喜戴眼鏡，更歡喜戴黑眼鏡。據《眼鏡簿》載，他共有四十三副眼鏡，分析起來，淺黑十七副、又片四塊，白光十七副，藍光八副，黃光一副。

溥儀和皇后住緝熙樓之上。明賢貴妃在日，則住樓下。後來李貴人進宮，別住同德殿。在同德殿中，還有一個日本式的臥室。

已在上邊說過，溥儀能騎馬，能騎腳踏車，能開汽車，行的問題，他自身可以解決。不過他在宮中無需乎行，行的一件事也就不成問題。話雖如此，他還有三輛汽車。據毓崇康德七年（一九四〇）日記載：

六月八日　本日由需用科交內廷汽車三輛，計卡德那、比克、哈德松。又帶跨電驢兩輛。

六月十一日　本日交御用車庫鑰匙四組八把，又車上鑰匙三把，電瓶三個。（按，是日日記上方又載：「卡德那紫色，不良；比克黑色，不良；哈德松藍色，好。」）

十八、宮中的娛樂

宮中娛樂，平常是聽收音機和留聲機。據《傳差草記》第十八冊載：

康德五年（一九三八）二月十一日，李長安傳：「前由福泰拿來唱片二片《四郎探母》退回。還找《武家坡》頭段、二段，還找別的戲整段的。各樣的都拿點來。」

二月十五日，李長安傳：「明日買北京名角成出唱片，北京名角單段唱片。」

二月十六日，由麗恒順拿來唱片十一張，俱二元一張。

原來溥儀很喜平劇，在天津時常自到戲院聽戲。做了滿洲國皇帝，不好隨便出門，只能把留聲機過癮了。

每逢歲時令節，宮中別有各種玩藝，像毓嶦日記，所載：

康德十二年（一九四五）二月十三日　宣統卅七年乙酉元旦大吉，在同德殿行禮。……二時半起來，上同德殿，……碰見嶌二姐、嫦八姐下來。嶌二姐抓鬮，得了一個小鈴戒指，叫予看，有意思玩藝也。聞母親大人今日仍不下來。

二月二十七日　燈節……回來，碰見扭秧歌的下來。上同德殿，碰見母親大人下來，晤二姐等等。

宮中也演電影，同像毓嶦日記所載：

康德十二年（一九四五）五月一日　晚有一卷電影，張總理特派到日本去的電影也。隨員有崇四哥。

五月二十三日　五、六額駙上來了。……下來之後，同他們在電影室演小電影，五額駙結婚也。

五月二十九日　午後看電影，二額駙由外交部拿十六糎電影片，德國片，歐戰之事。

溥佳日記也載：

康德七年（一九四〇）十一月十六日　九時起，五十四分上班。忽接掌禮處信，今日上看電影，改由侍衛處奏請。因昨日已說好由張處長，今忽改變，大抓一陣，欠聯絡，因事先毫無接頭、準備。可見現在諸事真難作也，奈何奈何！十一時，上臨清晏堂看電影。十一時餘，返宮。

按清晏堂有一室，專藏電影片。我們去看時，影片拋散滿地，以致繞足難行。有友人拾取一個放影片的匣子，安放熏臘之類，就此和人對酌。

宮中有時也有各種表演，而每遇日人有獻技者到長春，更常邀在宮中表演。下面溥佳日記所載，便是一個例子：

康德七年（一九四〇）十一月二十五日　一時半，扈從上臨清晏堂，陪觀武道大會。有柔道、劍道、刀弓矢，有女的練薙刀、對劍等。予本外行，視之如同兒戲，頗乏興味。惟有一老翁約七旬餘，尚能摔交，頗羨之，餘皆無何興趣。三時半，演畢，扈從返宮。

又像《上用出入銀錢流水帳》載：「大同元年（一九三二）七月十七日，上旨赴街找說書先生馬車洋銀五角。」又，「上賞說書先生二名大洋五元。」這也可說是一種表演，一種娛樂。

溥儀常日聽西樂，有一個叫做關良的給他奏鋼琴。宮中當然也以賭博為娛樂，像溥佳日記載：

康德七年（一九四〇）一月四日　……又看牌，至大妙之時退下。

毓嶦日記載：

康德十二年（一九四五）三月四日　早起回家。母親大人以為大概今天不上來了。三時半，車子來接了。上去之後，擲骰子玩。

又像《細流水帳》載：康德五年（一九三八）十二月二十三日，以一毛二分買紙牌一副，也是一個證明。

十九、宮中的圖書

宮中藏書，可說有三部分：一是尚書府，但很少；一是宮內府，為數很多；一是內廷，為溥儀所私有。現在光說內廷藏書。

內廷藏書，曾見目錄四本。第一本題《書籍簿》，第二本至第四本題《書目簿》。凡《書籍簿》所列叢書等書，都只記一個總名，其中包含的每一種書，另行記入《書目簿》。其第二本又曾見同式一本，故可推知這種圖書目錄當有兩份。又《奎堂詩存》的一種，下注「移入日本書籍簿」，故更可推知日本圖書另有簿錄，但原書目卻沒有發見。這種圖書目錄，沒有分類，沒有完全注明版本，也只有極少數注明撰人姓名，便是書名也很多錯落，怕是司房中無知識的人所編寫。但其中大多數注明來源和收進年月日，還可由此發現多少可以注意而有趣味的資料。

我曾把全部書目試數一過，連複本計算（複本也不少），共計八百二十餘種、三萬四千五百餘冊。

我又曾把全部書目試為分析，發現溥儀對於清代列帝所編纂、所審定、所刊刻的書籍，似乎很有意思搜集，約如下表：

（一）御制

順治文集、《勸善要言》

康熙文集、詩集、《幾暇格物編》、《數理精蘊》、《耕織圖解》、《避暑山莊詩》、《千叟宴詩》

雍正文集、詩集

乾隆文集、詩集、《日知薈說》、《日知薈說講義》、《盛京賦》、《全韻詩》、《避暑山莊圖詠》、《古稀說》、《棉花圖》、《評鑒闡要》

嘉慶文集、詩集、《清寧合撰》、《嗣統述聖詩》、《全韻詩》

道光文集、詩餘集

咸豐文集、詩集

同治文集、詩集

光緒文集、詩集

附醇賢親王《修齊俚言》

（二）御纂

《性理精義》、《周易折中》、《詩義折中》、《朱子全書》、《醫宗金鑒》、《分類字錦》、《內則衍義》、《日講書經解義》、《日講禮記解義》、《日講春秋解義》、《日講四書解義》、《承華事略補圖》

（三）御選

《古文淵鑒》、《唐宋文醇》、《唐宋詩醇》、《全唐詩》、《唐詩》、《四朝詩》、《宋詩選》、《金詩選》、《元詩選》、《歷代詩餘》、《悅心集》、《經海一滴》、《語錄》

（四）御批

《歷代通鑒輯覽》、《資治通鑒》

（五）御定

《歷代記事年表》、《執中成憲》、《群芳譜》、《七政四餘萬年書》、《佩文齋詠物詩選》、《陸奏約選》、《康熙字典》、《資政要覽》、《淵鑒類函》、《詞譜》、《曲譜》

（六）欽定

《十三經注疏》、《七經》、《皇清經解》、《書經傳說彙纂》、《詩經傳說彙纂》、《春秋傳說彙纂》、《書經圖說》、《孝經衍義》、《歷代職官表》、《明鑒》、《古今儲貳金鑒》、《皇清職貢圖》、《大清一統志》、《皇輿圖》、《熱河志》、《盛京通志》、《日下舊聞考》、《律呂正義後編》、《授衣廣訓》、《授時通考》、《選擇曆書》、《萬年書》、《月令輯要》、《熙朝雅頌集》、《古香齋十種》、《佩文齋書畫譜》、《古今圖書集成》、《佩文韻府》、《駢字類編》、《子史精華》、《同文韻緲》、《叶韻彙輯》、《石渠寶笈》、《西清續鑒乙編》

（七）歷朝詔令

《十朝聖訓》、《聖祖仁皇帝聖訓》、《康熙皇帝遺訓》、《硃批諭旨》、《聖諭廣訓》、《聖諭廣訓直解》、《聖諭像解》、《聖祖仁皇帝敕選六諭衍大意》、《孚惠全書》

（八）歷朝記錄

《滿洲實錄》、《大清歷朝實錄》、《大清宣統政記》、《康熙政要》、《嘉慶三年太上皇起居注》、《皇朝開國方略》、《滿洲編年記勤、《東華錄》、《貳臣傳》、《逆臣傳》、《清皇室四譜》、《八旗滿洲氏族通譜》、《聖祖仁皇帝六旬萬壽盛典》、《南巡盛典》、《幸魯盛典》、《星源集慶》、《皇朝三通》、《皇朝續文獻通考》

（九）法典

《大清會典》、《大清會典圖》、《大清會典事例》、《律例圖說正編》、《大清律例彙輯便覽》、《皇朝禮器圖式》、《西清儀仗譜衣服譜武備譜樂器譜儀器譜祭器譜》、《重訂滿洲祭神祭天典禮》、《皇朝詞林典故》、《殿閣詞林記》、《清謚法考》、《皇清帝典簡明冊》、《金吾事例》、《國朝宮史》、《宮中現行則例》、《總管內務府現行則例》

（十）滿洲文

《滿文字母注音法》、《清文彙書》、《清文補彙》、《滿漢文論語孟子》、《增訂清文鑒》、《勸善要言》、《滿漢合璧四書集注》、《初學必讀》、《重刻清文虛字指南編》、《滿漢字清文啟蒙》、《清語指要四種》、《清漢對音字式》。

按之陶湘《故宮殿本書庫現存目》所載，蓋已得十之八九。

陶湘好收藏殿版書和明版書。據說曾有常熟毛刻和閔刻兩批售給溥儀，作價三萬八千元。我便把陶氏書目（民二十三年〔一九三四〕作）和內廷書目對校，得知內廷藏毛刻如下：

《十三經注疏》二匣計一百零一冊，《十七史》六匣計二百七十六冊，□天如批點《南史》一匣計三十六冊，《陸狀元增節音注精議資治通鑑》一匣計五十二冊，《李善注文選》一匣計二十冊，《元人十家集》二十四冊（陶目作《元名家集》十種）、《元人四家集》八冊（陶目作《元四家集》四種）右二種共一匣，《列朝詩集》一匣計三十二冊，《唐人選唐詩》十二冊（陶目列八種）、《唐詩記事》二十四冊右二種共一匣，《陸放翁全集》六種一匣計三十四冊，《漢魏六朝百三名家集》一匣計六十冊，《唐人三集》八冊（陶目作《唐人詩集》三種）、《唐人四集》四冊（陶目作《唐人詩集》四種）、《唐人五集》十冊（陶目作《唐人詩集》五種）、《唐人六集》十二冊（陶目作《唐人詩集》六種）、《唐人八集》十二冊（陶目作《唐人詩集》八種）、《唐高僧集》十四冊，右六部共一匣，《詩詞雜俎》八冊（陶目列十六種）、《中州集》附《樂府》十冊、《鐵崖樂府》附《樂府補遺》六冊（陶目與以下《復古詩》及《麗則遺音》合稱《楊鐵崖三種》）、《詞苑英華》十六冊（陶目列七種）、《馮定遠全集》三冊（陶目列四種）、《復古詩》一冊（陶目作《復古詩集》）、《松陵集》四冊、《屈陶合刻》七冊、《麗則遺音》三冊，右九部共一匣，《宋名家詞六十一種》三十二冊共一匣，《七經讀本》八函計五十冊（陶目作《四書六經讀本》七種），《九正易因》全函計六冊，《童子問》全函計四冊（陶目作《毛詩童子問》），《說文真本》全函計七冊（陶目作《說文解字》），《漢隸字源》全函計六冊，《史記索隱》全函計四冊，《五代史補、闕文》全函計一冊，《吳郡志》上下函計十二冊，《中吳紀聞》全函計二冊，《孔子家語》全函計三冊，《大學衍義補》四函計二十四冊，《昨非庵日纂》三函計二十四冊，《蘇米志林》全函計三冊，《本草經疏》二函計十四冊（陶目作《神農本草經疏》），《二如亭群芳譜》四函計十六冊，《滑耀編》全函計八冊，《山居小玩十種》全函計八冊，《楚辭》全函計六冊（陶目作《楚辭箋注》），《文丹淵集》上下函計十二冊，《雞肋集》上中下函計十六冊，《蘇門六君子文粹》上中下函計十六冊，《忠義集》全函計二冊（陶目列二種），《牧潛集》全函計二冊，《雲林集》全函計一冊（陶目作《雲林題畫詩附逸事》），《滄螺集》全函計一冊，《確庵文集》全函計四冊（陶目作《陳確庵文稿》），《玉臺新詠》全函計四冊，《唐僧弘秀集》全函計四冊，《郭樂府集》上下函計十二冊，《唐詩類苑》八函計六十四

冊，《江東白苧集》全函計四冊，《六十種曲》六函計一百二十冊，《津逮秘書》十五集二十函計一百四十二冊

統共五百四十三種，陶目計列五百四十八種，所缺蓋為《汴遊錄》、《深牧庵日涉》、《南歸錄》、《唐人詩集》二種、《浣花集》等五種。

內廷藏閔刻如下（據《書目簿》）：

第一函八冊《易傳》（陶目作《東坡易傳》）

第二函八冊《書傳》（陶目作《東坡書傳》）

第三函四冊《詩經》

第四函四冊《詩經》《讀風臆評》

第五函八冊《周禮》《考工記》《檀弓》（此二書與《蘇氏孟子》，陶目作《三經評注》）

第六、七函十四冊《左傳》

第八函六冊《公羊傳》

第九函六冊《穀梁傳》

第十函八冊《四書參評》

第十一函二冊《孟子》（陶目作《蘇氏孟子》）

右經類計十一函，共六十八冊（按共計十三種，比較陶目，缺少《春秋胡安國傳》、《四書捷度》、《繪圖孟子》、《草韻辨俗》等四種）。

第十二、十三、十四、十五函二十六冊《史記鈔》

第十六、十七函二十四冊《史記纂》

第十八、十九函十一冊《五代史鈔》

第二十函六冊《國語》

第二十一、二十二函八冊《戰國策》

第二十三函三冊《晏子春秋》

右史類計十二函，共七十八冊（按共計六種，比較陶目，缺少《皇明將略》一種）。

第二十四、二十五函十冊《管子》

第二十六函八冊《韓非子》

第二十七函七冊《孫子》、《吳子》、《孫子參問》

第二十八函八冊《孫子》、《吳子》、《司馬法》、《李衛公問對》、《尉繚子》、《黃石公三略》、《太公六韜》（此七書陶目作《武經七書》）

第二十九函五冊《兵垣四編》六卷、《黃帝陰符經》、《孫子》、《黃石公素書》、《吳子》、《海防圖論》（陶目標「胡宗憲」）、《九邊圖論》（陶目標「許論」）

第三十函八冊《呂覽》

第三十一、三十二函二冊《淮南鴻烈解》

第三十三、三十四函八冊《世說新語》

第三十五、三十六函十二冊《初潭集》

第三十七函四冊《枕函小史》（陶目分列《蘇長公譚史》、《米南宮譚史》、《艾子雜說》、《悅容編》、

《癖顛小史》）

第三十八函五冊《東坡志林》

第三十九函八冊《虞初志》

第四十函四冊《弈藪》

第四十一函四冊《老子道德經》

第四十二函八冊《老子》、《莊子》、《列子》（陶目作《三子音義》）

第四十三函六冊《解莊》

第四十四函八冊《南華經》

第四十五函五冊《楞嚴經》

第四十六四十七函十冊《楞嚴經》

第四十八函三冊《維摩詰經》

第四十九函五冊《圓覺經》、《金剛經》、《心經》

右子類計二十六函，共一百四十六冊（按共計四十二種，比較陶目，缺少《湘煙錄》一種，多出《孫子》、《吳子》等兩種）。

第五十函六冊《楚辭》王逸《楚辭章句》（陶目無「王逸」兩字）

第五十一函七冊《曹子建集》、《陶靖節集》

第五十二函七冊《王摩詰集》、《駱賓王集》

第五十三函七冊《韋蘇州集》、《孟浩然集》

第五十四函七冊《孟東野集》、《李長吉歌詩》（陶目作《李長吉集外集》）第五十五函六冊《李詩選》、《杜詩選》、《杜律》、《韓文》
第五十六函（按《書目簿》原缺載此一函）
第五十七函七冊《柳文》（陶目作《柳文鈔》）
第五十八函五冊《歐文》（陶目作《歐文鈔》）
第五十九函七冊《蘇老泉集》
第六十函四冊《蘇文嗜》
第六十一、六十二函十一冊《蘇長公合作》
第六十三函六冊《東坡文鈔》
第六十四函八冊《東坡文選》
第六十五函八冊《東坡蜜語》
第六十六函四冊《蘇長公表啟》
第六十七函七冊《蘇文忠公策論選》
第六十八函四冊《東坡禪喜集》
第六十九函四冊《蘇長公小品》、《李空同詩選》
第七十函六冊《李氏焚書》
第七十一函六冊《秦漢文鈔》
第七十二函二冊《選表》（陶目作《文選後集》）

第七十三函八冊《選詩》

第七十四函八冊《選賦》

第七十五、七十六函十四冊《文選尤》

第七十七函七冊《尺讀雋言》、《絕祖》

第七十八函八冊《古詩歸》

第七十九、八十、八十一函十八冊《唐詩歸》

第八十二函六冊《唐詩廣選》

第八十三函五冊《唐詩絕句類選》（陶目更標「附總評人物」）、《唐詩豔逸品》（《陶目分列《名媛集》、《香奩集》、《觀妓集》、《名花集》）

第八十四函四冊《會稽三賦》、《詞的》

第八十五函九冊《花間集》、《草堂詩餘》

第八十六函四冊《文心雕龍》

第八十七函八冊《文致》

第八十八函六冊《詩刪》

第八十九函二冊《紅拂傳》

第九十函《邯鄲夢》（按《書目簿》原缺載冊數）

第九十一函四冊《琵琶記》

第九十二函三冊《會真傳》（陶目作《會真記》）

第九十三函四冊《西廂記》

第九十四函四冊《明珠記》

右集類計四十四函，共二百四十二冊（按共計五十六種，比較陶目，缺少《韓文鈔》、《蘇文忠公文選》、《文選瀹注》、《唐詩選》附《詩韻輯要》、《彙釋備考》、《唐音》、《豔異編》、《董西廂記》、《牡丹亭》、《南柯記》、《紅梨記》、《繡襦記》、《幽閨記》等十四種，多出《東坡文鈔》一種。唯因第五十六函缺載內容，不能斷定究和陶目有若何實際之出入）。

按《書籍簿》載：「閔刻書由第一函至第十四函，共計五百四十八本。」《書目簿》載全書細目，惟因第五十六函缺載書目和冊數、第九十函缺載冊數，故如上所錄僅得五百三十四本。又《書籍簿》更另列閔刻《選詩》上下函，計八本，這是第七十三函的複本了。

除此之外，我又把其他汪明版本和寫本的，條列如下：

宋監本《周易正義》、宋本《廣韻》、宋本《玉篇》、影宋本《陸宣公全集》、影宋本《四史》、影元本《論語》、明本《邵子全書》、明版棉紙《六朝詩集》、明版《世德堂刻六子》、明版《埤雅》、明版《黃帝內經》、明版《詩學大成》、明版《武侯論貴賤賦》、明版《由醇錄》、重刻明成化本《東坡七集》、洪武本《程雪樓集》、孫刻《續古文苑》、怡府版大字《四書集注》、殿版《易經》、《書經》、《詩經》、《禮記》、《春秋》、開花紙《七經》、仿宋大字《四書》、開花紙仿宋《四書》、《性理大全》、開花羅紋紙《杜詩提要》（上述「御制」以下諸書，可說都是殿版，這裡不再複列）。

寫本《漁樵問答》、《吉林通志》、《素書新解》、《詩經講義》、《四次訪鄰志》、《春秋義》、《采摭經義》、《中庸學撮要》、《西陲要略》、《西陲釋地》、《翠華備覽》、《女箴篇目》、《存樸堂繡像全譜》、《陳曾壽詩稿》、《道經》、《三合便覽》、《推背圖》、《帝鑒》、《古文便覽》、《睢園將軍手寫說詩解頤》、《丁巳聞見錄》（上述「御製」以下諸書中寫本附記如下：《光緒御製詩文》、《古今儲貳金鑒》、《熱河志》、《石渠寶笈》、《總管內務府現行則例》、《滿洲編年記要》、《皇清帝典簡明冊》）。

內廷藏書中，有幾部叢書，除上述《古香齋十種》、《津逮秘書》、《漢魏六朝百三名家集》、《六十種曲》外，為：宋《儒學警悟》七集、《百川學海》、《喜詠軒叢書》、《涉園墨粹》、《四部叢刊》、《古書讀本》、《四部備要》、《知不足齋叢書》、《遼海叢書》、《劉沅全書》、《稗海》。

至內廷藏書來源，可分為三項：一是溥儀舊有，從天津運來；二是陸續收購；三是各方呈進，例如劉錦藻進所纂《續文獻通考》，曾得溥儀題給匾額的獎勵，錦藻還有一個謝恩摺子：

頭品頂戴前內閣侍讀學士臣劉錦藻跪奏，為叩謝天恩恭摺仰祈聖鑒事。十二月二十日，猥以臣子承幹奏進臣所纂《皇朝續文獻通考》，由前學部郎中臣王季烈寄到蒙恩賞給「殫見洽聞」匾額一方。臣錦藻當即恭設香案，東望叩頭，謝恩祗領。伏念臣草茅弱質，蒲柳衰姿。循崦嵫而顧影，老學無成；昧宛委之秘藏，晚聞滋愧。研幾忍古，識限區陬；勤志服知，目窮輶錄。惟是徵文考獻，稍酬炳燭之微明；揚烈覲光，竊比引喤之初意。乃蒙恩燾曲被，宸翰遙頒。拜嘉有曜，瞻奎壁而分輝；循分逾涯，戴泰山而知重。庶幾傳諸州鄙，與多士稽古之風；昭示昆仍，作累世教忠之範。所有微臣感激下忱，理合恭摺具謝，伏乞皇上聖鑒。謹奏。宣統二十五年（一九三三）十二月二十一日。

而他的兒子也有一個請安摺子，文曰「頭品頂戴候補內務府卿臣劉承幹跪請皇上聖安」。

自從溥儀出走，滿宮無形開放，宮中圖書散出很多。尚書府和宮內府所藏都鈐有圖記，內廷所藏沒有圖記，下列各書比較名貴，在這裡特為記出：

《太祖高皇帝老檔譯稿》二本　一為卷之一，丁未至癸丑，計二十頁；一為卷三，丁巳天命二年正月至七月，計十七頁。都用硃印直行紙精繕，每面六行，每行二十二字。黃紙裝訂。書內夾有黃紙長簽，並行書「賜進士出身，前翰林院侍講學士，盛京陵廟承辦事務處總務員，兼辦譯檔房翻譯事務，臣文華恭譯，盛京陵廟承辦事務處譯檔房繕寫員，臣張英符　恭繕」。

《德宗景皇帝實錄》二本一為卷一百六十四，光緒九年六月；一為卷一百六十五，光緒九年七月。都用硃印直行格紙精繕，用硃圈句讀，紅綾裝釘。

《重廣補注黃帝內經素問》二本　一為卷十至十二，一為卷二十三至二十四。石青絹裝。黃絹題籤，楷書「宋版內經素問」。封面前後頁裡鈐「五福五代堂」、「古稀天子寶」、「八徵耄念之寶」、「太上皇帝之寶」，首頁右上方鈐「天祿繼鑒」方印、「乾隆御覽之寶」橢圓印，末頁左上方鈐「天祿琳琅」方印。此外每本首頁有「婁東」、「掃花庵鑒賞」，尾有「王時敏印」、「煙霞氏」、「拜天□士」各印，和《天祿琳琅書目續編》卷五第十三頁所載相符，原是太倉王氏藏本。

《纂圖互注揚子法言》二本　一為卷六，一為卷七。黃絹裝。黃絹題簽，楷書「六子纂圖互注」。

封面前後頁裡及首頁、末頁前後鈐印，都和《黃帝內經素問》相同。此外，每冊首有「謙牧堂藏書記」印，和《天祿琳琅續編書目》卷五第十二頁所載相符。

《重校唐文粹》二本 一為卷三十四至三十六，一為卷九十八至一百。錦裝。黃絹題籤，楷書「唐文粹」。書內前後襯頁鈐印，同前述二書，惟印的面積較小。首頁、末頁鈐印，也同前述二書，惟末頁左上方多「乾隆御覽之寶」一印。又，前一本首頁右下方，有「子佩氏」白文方印。後一本後序一頁係倒裝，題「寶元二年嘉平月殿中侍御史吳興施昌言敘」。

至殿版書更多，我一次進宮中警衛臥室，便見案頭有巨書一本，正是殿版開化紙《御批通鑑輯覽》。據《記事簿》載：

康德三年（一九三六）三月二十一日，嚴宗淵傳：「近侍處進內幾個人包書，用桑皮紙包好，外粘書簽。書簽用白紙。」

三月二十二日，嚴宗淵傳：「近侍處預備書籤。惟《圖書集成》書籤須用黃綾，裡外一樣，其餘用白紙。」

這又可見內廷藏書在何時並在怎樣情形下，由溥儀親自指示辦理。

據說內廷圖書是袁金鎧幫溥儀收集的。北平隆福寺街有一家書鋪，叫做東來閣，在瀋陽設著一家分鋪。長春原沒有這種書鋪。因為袁金鎧的誘導，東來閣也在長春設著一家分鋪，準備和宮中交易。不過現在看《書籍簿》收進的書，大多數是在康德四、五年（一九三七、一九三八）以前，或許後來溥儀對這事也就厭倦了。

二〇、宮中的字畫

內廷收藏字畫，曾見《御筆手卷冊頁掛軸簿》一本、《新舊手卷冊頁掛軸簿》一本、《日本手卷冊頁掛軸簿》一本，這和《記事簿》載「康德三年（一九三六）二月二十二日，嚴宗淵要去下邊《手卷冊頁掛軸簿》三本」正相符合。每簿都把手卷、冊頁、掛軸分為三部門，每一部門從第一號起。其《新舊簿》一本，則先新後舊，也是各從第一號起。《記事簿》又載：「康德三年（一九三六）二月二十一日，前嚴宗淵傳《手卷冊頁掛軸》改分新舊，已經叫齊，改換新號，帳寫得，交嚴宗淵矣。」這可見分別新舊編列，還是溥儀的主見，原來是不分的。所謂新，是指近代和當時人所作；所謂舊，是指清中葉以前人所作。就三種簿錄所列，統計如下：

	手卷	冊頁	掛軸
御製	二〇號	一三號	一一〇號
新	七	二二	九七
舊	五五	一六	三二
日本	三〇	二二	一九
合計	一一二	七三	二五八

每一號下，注明來源和收進年月，並用黃紙浮籤注明收藏何處。其來源和圖書同樣可括為三項：一是溥儀舊有，二是陸續收購，三是各方進奉。

也和圖書一般，清朝列帝所作字畫，當是溥儀所留意收藏。據目錄所載，在上述御製一百四十三件中，約有五十件是出錢買來，有十來件是從瀋陽故宮移來，又約有四十件沒有注明來源，怕是溥儀所本有。現在把列帝作品記明帝號的，作成下面一個統計：

順治作品	六件
康熙作品	二二件
雍正作品	七件
乾隆作品	七三件
嘉慶作品	八件
道光作品	七件
咸豐作品	一件
同治作品	二件
光緒作品	三件

在新字畫中，不少是溥儀宗人的作品，有善耆、載潤、溥儒、溥修、溥僡和恒香等的字，有載濤、溥佺、溥僩、溥伒、毓岐、恩隸、恒潤、惠均、維賢、韞馨、韞嫻等的畫。很可笑的，康德六年（一九

三九）二月五日，侍從武官長張海鵬進老祖繪皇極五福圖，十三日進梅花（並贊）；康德七年（一九四〇）二月四日，前宮內府內務處處長商衍瀛進山水高松（並贊）等三個掛軸，這分明是乩壇上的作品。

在舊字畫中，有四十一件手卷是溥儀所有，從天津運來，是宋元明名家像宋徽宗《柳鴉蘆雁》、關穜《秋山平遠》、馬遠《江山萬里》、夏珪《江山無盡》、《秋江風雨》等、馬麟《荷香清夏》、趙伯駒《仙山樓閣》、《蓬瀛仙館》、《江山秋色》、《桃源》等、趙孟頫《清溪漁隱》、《水村》、仇英《漢宮春曉》等所作。更在掛軸部門，有下列十三件係屬極有價值的史料，似非通常字畫可比：

第十九號　順治八年鄭芝龍知天命，歸順清，始終決意投誠之件。
第二〇號　嘉慶六年朝鮮國王李玜進獻禮物之件。
第二一號　康熙五十九年朝鮮國王李焞進獻禮物之件。
第二二號　乾隆四十二年安南國王黎維禕兩貢並舉之件。
第二三號　乾隆十九年安南國王黎維褍棉本國番兵誤殺卡兵之件。
第二四號　順治四年平西王吳三桂蒙皇上及攝政王垂鑒收納之件。
第二五號　順治十三年廣東巡撫張純熙奏荷蘭國請貢之件。
第二六號　崇德八年總兵祖大壽獻策之件。
第二八號　順治八年定南王孔有德仰仗天威，開闢西粵之件。
第二九號　崇德二年恭順王孔有德手本。
第三〇號　順治八年親政詔底。

第三一號　皇叔父攝政王敕諭洪承疇等修《太宗實錄》之件。

第三二號　順治元年巡撫山東等處方大猷謹題為糾察不法聖裔之件。

注明「康德八年（一九四一）十月十六日買」，另夾有清單兩紙，寫於九華堂制的信箋上，當時或係從上海買去也未可知。

《日本手卷冊頁掛軸簿》計手卷三十號，內有影宋古本《莊子》和《玉篇》各卷；冊頁二十二號，內有康德四年（一九三七）五月二十六日筱田次助財團法人理事長進《滿洲事變繪卷》一冊；掛軸十九號，內有康德六年（一九三九）十二月一日日本天皇皇后送櫻下游鯉之圖（桃湖畫）大掛軸一件、康德七年（一九四〇）六月二十一日日本皇太后送楠公訣別圖（氏實書），這都是比較可以注意的。

內廷字畫除陳列各處外，也和圖書一般的存放在同德殿後書庫。我去看時，已被劫掠一空，只有溥儀訪日時日本小學生呈獻的畫冊，竟還在亂紙叢中，沒有人檢去。其散出的字畫，曾見過恒潤畫冊頁十二方，當便是《新舊簿》新第四號所載。

上面所引的字畫目錄，編寫的大抵也是太監之流，蕪雜錯誤，到處都是，很少藝術或文獻上的價值。

二一、宮中的祭祀

滿洲是金人之後。金人迷信鬼神，崇尚祭祀，滿洲也浸染其遺俗。吾們看《滿洲祭神祭天典禮》一書，便可知當時祭祀的繁重。至於滿洲帝國而與世推移，宮中祭祀已省便很多。不過雖說省便，還很鄭重。吾們從幾件禮節的記錄中，可以把他們分做三種，寫出一個大概。一是歲時令節的祭祀。元旦和除夕，當然最重要。據《記事簿》載：

康德二年（一九三五）十二月二十九日，除夕謹擇巳時——上午九時至十一時，恭請行禮。
康德三年（一九三六）正月初一日，元旦謹擇丑時——夜內一時至三時，迎神。
康德三年（一九三六）正月初一日，元旦謹擇午時——上午十一時至一時，恭請行禮。
康德三年（一九三六）正月初一日，吉神方位：
福神正西方，喜神西北方，財神東南方，貴神正北方，太歲正北方。以上四種，均係近侍處繕寫紅片，送司房交嚴宗淵，嚴宗淵令毛永惠呈上。

所說「迎神」，便是祭福喜等五神，另用小張黃紙寫成神馬，如「福神之神位」等等。所說「行禮」，除夕是向下列各處辭歲：

奉先殿列帝列后　四太妃　醇賢親王二側福晉　醇親王福晉　佛　大成至聖先師孔子　關聖帝君　孚佑帝君

元旦是向下列各處賀年：天神地祇　奉先殿列帝列后　四太妃　醇賢親王二側福晉　醇親王福晉　佛　大成至聖先師孔子　關聖帝君　孚佑帝君王爹爹王媽媽

元旦之後，還有正月初二日，擇時祀下列各處：天神地祇　佛　關聖帝君（親獻白神肉一方）王爹爹媽媽（紅白神肉各一方）　灶君財神

毓嶦日記載：

康德十二年（一九四五）二月十四日（按即陰曆正月初二日）吃白肉。午後，攜一塊回家。

也還含有坤寧宮吃肉的意味。還有正月初四日，擇時祀「神桿」，用小張黃紙，寫神馬「神桿之神位」，設位坐南向北。除夕之前，還有十二月二十三日，祀下列各處：天神地祇（神位南向）關聖帝君（神位東向）王爹爹媽媽（神位南向）　灶君（神位西向）這就是通常所說送灶節。

除了上邊所述，一年之中，清明節，祀奉先殿；夏至節，供豆；七巧節，祀牽牛織女星君；中秋節，祀月光；冬至節，供餛飩。

至於每月初一和十五，在奉先殿等處都有常祀，叫做「月供」。

二是祖先紀念日的祭祀，這便是列帝列后的忌辰和誕辰，醇賢親王二側福晉的忌辰，醇親王福晉的忌辰。

列帝從順治以下有九位，列后從順治以下有二十二位，加上兩位福晉，一年之中共有六十四個祭祀，也盡夠忙碌了。醇親王福晉，當然便是溥儀的本生母。醇賢親王二側福晉是什麼人呢？該是溥儀的本生庶祖母吧！光祭二側福晉而不祭醇賢親王和嫡福晉，這又是什麼意思呢？我曾把這個問題向一位宮內人員請教，他說他也懷疑，曾向近侍處一位科長，常代溥儀行禮的溥紹。溥紹答：「這是一個祕密。」

三是神明的祭祀。這裡可以指數的，像大成至聖先師孔子，二月春丁祭、八月秋丁祭、八月二十七日誕辰祭；關聖帝君，二月春戊祭、八月秋戊祭；長白山之神，春分望祭、秋分望祭；牽牛織女星君，七巧節祀；月光，中秋節祀。

每年溥儀生日，所謂「萬壽節」，照例祀下列各處：

列祖列宗　關聖帝君　四太妃　醇賢親王二側福晉　醇賢親王福晉

隨供擺箸十八雙，貢獻萬壽麵十八碗（按，這裡所說「列祖列宗」，是指太祖以下十一帝）。

上邊所說幾種祭祀，元旦祀奉先殿、同治光緒二帝后忌誕辰，都是溥儀躬親行禮，叫做「親行」。其餘都由溥儀派員恭代行禮，叫做「代行」。

宮中對於狐仙也奉祀殷勤，每月初二和初六有祭，據《傳差草記》第十八冊載：

康德五年（一九三八）二月十六日，上午十時，請示每月初二日、十六日大仙爺小供，派何人行禮？上傳：「派李代行。」

每年歲終有祭，據《記事簿》載：

康德二年（一九三五）十二月二十七日，大仙爺上供，請派行禮人，奉諭：「派（毛）永惠行禮，每回均永惠行禮。」

據說溥儀還打算給狐仙立廟，地址定在懷遠樓東邊隙地，但不及興工，不知狐仙也能前知麼？

康德七年（一九四〇），值日本建國二千六百年，溥儀於六月二十二日動身往賀，毓崇日記載：

六月二十四日據總務處宿值員報告：本月二十六日，兩聖會見時，本國官吏均是時向東遙拜。六月二十六日下午二時，於興運門向東遙拜。一點五十五分集合。

七月十日，溥儀回來，十五日頒發「國基奠定詔書」：

……今茲東渡，恭祝二千六百年慶典，親拜皇大神宮。回鑾之吉，敬立建國神廟（按，即在皇宮東南隅），奉祀天照大神，盡厥崇敬，以身禱國民福祉，式為永典，令朕子孫萬世祇承。

同時，為日本在滿洲事變以後犧牲的官兵建建國忠靈廟，修正政府組織法，加設祭祀府，府置總裁和副總裁，副總裁用日人充任，專管上開兩種廟宇和他們的祭祀。每年各有大祭、中祭和小祭，三祭之中又各包括諸種之祭。這種祭祀含有政治性，不在宮中祭祀範圍，這裡也就不細說了。

二二、宮中的典禮

滿洲帝國還沒有一部記述典禮的專書。歷年所舉行的各種典禮，大體上是用清朝的體制做藍本，而滲入日本的方式。每一種典禮都定有一個「秩序」和「須知」，「秩序」是禮節的大綱，「須知」是奉行的細目，遇規定坐立進退地位、儀仗行列和交通路線等，都別用圖式表示，蓋更含有科學的意味。每過一年，把那一年中所舉行的各個典禮的這種資料，彙訂成一厚冊。在這一節中，我就想揀幾件記錄出來。

康德元年（一九三四）三月一日，溥儀開始做滿洲帝國的皇帝。那登極典禮的「秩序」是這樣的：

一、參列者依時入殿。
二、皇帝臨朝，登御座（各官員敬禮）。
三、參列者行最敬禮。
四、皇帝於詔書上鈐御璽而宣示之。
五、國務總理恭進至御座前，捧呈賀表，三唱皇帝萬歲，參列者和之。
六、國務總理拜受詔書，復位。
七、參列者行最敬禮。
八、皇帝入內（各官員敬禮），百官退下。

所說「最敬禮」和「敬禮」怎樣一個區別呢？在「登極禮參列須知」中有一個解釋：脫帽後，上半身屈四十五度，一鞠躬，這叫做「最敬禮」；脫帽後，上半身屈最敬禮角度之半，這叫做「敬禮」。每種典禮都規定應穿何種服裝，在這一次登極禮中的規定如下：

甲、文官及其他人員（有滿洲國指定之制服者，著制服）

第一種　燕尾服（帽用絲高帽，靴用禮靴）。

第二種　青馬褂，深藍長袍（帽用困秋帽，青緞硬胎，紅頂結，燻貂皮帽簷；靴用青緞官靴）。但不得已時，得以早禮服（帽用絲高帽，靴用禮靴）代用。

乙、武官　正裝

參列者有日本帝國之勳章、記章者，得佩用之（未承認滿洲國之各國勳章、記章不得佩用）。

登極禮於上午十一時舉行。先於八時舉行郊祀禮，節目很繁，在這裡連帶記其秩序：

皇帝莅壇場，百官恭迎。皇帝御黃幄。賠禮官就位，東西相向立。百官就壇前位東西相向肅立。掌禮官恭請行禮。皇帝盥洗。贊引官恭導皇帝升第一成壇，就位，南面立。賠禮官轉向南面立。燔柴迎神。皇帝進詣神案前，薦玉，薦帛，復位，行禮。皇帝進詣神案前，獻爵三，獻祝，復位，行禮。進璽，皇帝受璽，授捧璽官。送神，司玉官奉玉退，皇帝行禮，送燎。禮成，皇帝還黃幄，百官退。啟駕還宮，百官恭送。

每年新歲有三天的典禮：第一天是朝賀，第二天是賜宴，第三天是賜酒。這裡舉康德三年（一九三六）新歲的禮節做一個例子：

元旦朝賀

上午九時三十分以前，文官簡任及待遇禮遇，武官少將及待遇以上進宮：文官特任官及待遇禮遇、武官上將，在第一候見室集合；文官簡任一等及待遇、武官中將及待遇，在第二候見室集合；文官簡任二等及待遇禮遇、武官少將，在第三候見室集合。

上午九時五十分以前，各候見室帶班禮官帶領朝賀各官進勤民殿列立：第一次，帶第一候見室各官；第二次，帶第二候見室各官；第三次，帶第三候見室各官，均依次進殿訖。

十時，宮內府大臣、掌禮處長、禮官一員，恭導皇上御勤民殿升座。侍從武官長、侍衛官長、侍從武官一員、侍衛官一員、禮官一員，隨扈進殿。皇上升殿，各官行敬禮。皇上升座後，國務總理大臣進至排前中央肅立，率領各官向上行最敬禮畢，退立原位。皇上起座，各官再行敬禮，宮內府大臣、掌禮處長恭導皇上還宮。

這是本國官員的朝賀。接著是外賓朝賀，那班次規定為：第一班，日本關東軍司令部；第二班，日本駐滿大使館；第三班，日本駐滿海軍司令部；第四班，日本關東憲兵隊司令部；第五班，日本關東局；第六班，南滿洲鐵道株式會社；第七班，日本宮中席次第三階以上者（非現任官者）；第八班，羅馬教廷代表。在這裡，皇帝賜與大使握手。

一月二日賜宴

上午十一時三十分以前，與宴各官及外賓進宮。在勤民樓餐室與宴者（黃花標識），在第一候見室集合；在懷遠樓與宴者（紅花標識），在第三候見室集合。

十一時五十分以前，日本全權大使進宮，禮官導入西便殿休息。

同時五十二分，勤民樓、懷遠樓兩處與宴各員同時由禮官導入餐室，各就席次立候畢（是時，國務總理大臣已進餐室，立於宮內府大臣席次之左）。

同時五十七分，宮內府大臣、掌禮處長恭導皇上御勤民樓餐室。經西便殿時，南大使向上行敬禮（前引後扈各官行列，均如元旦），皇上賜予握手畢，大使隨行至餐室。大使由禮官導立於宮內府大臣席次之右下。與宴各員向上行敬禮（前引後扈各員行列，均如元旦）。

皇上臨餐室，就席次後（同時滿洲國樂奏畢），宮內府大臣恭呈敕語，皇上親賜敕語畢，翻譯官敬譯。南大使謹奏頌詞畢，翻譯官謹譯。國務總理大臣繼奏頌詞畢，皇上升座。禮官分導南大使、國務總理大臣各就座，與宴各員同時就位。進黃酒時（替代香檳酒），皇上向南大使等舉杯同進酒。

餐畢，掌禮處長奏請皇上起座。南大使隨進西便殿，向皇上行禮恭謝，賜予握手。畢，皇上還宮（前後引扈如前）。皇上還宮畢，南大使出宮，與宴各員自出宮（均在餐席上進咖啡、蜜酒及煙）。

懷遠樓與宴各員與勤民樓與宴各員同時肅立與就座，由兩處禮官互相聯絡通知。

樂部執事員於皇上由緝熙樓啟駕時，奏國樂。此後每進一菜，奏一曲。但黃酒乾杯之際應停止奏樂，須候聯絡員報告。

一月三日朝賀及賜酒

上午九時三十分以前，第一班文官薦任一等至四等、武官上校至上尉進宮：薦任一二三等在第一候見室集合，文官在第二候見室集合，薦任四等在第三候見室集合，上尉在第四候見室集合。

上午九時四十分，各候見室帶班禮官帶領朝賀各官進，各列立朝賀殿內，排班恭候：第一次，帶第一候見室各官至勤民殿列立；第二次，帶第二候見室各官至勤民殿列立；第三次，帶第三候見室各官至勤民樓餐室列立；第四次，帶第四候見室各官至勤民樓餐室列立。

十時，宮內府大臣、掌禮處長恭導皇上御勤民殿升座（前引後患及殿內侍班，均如元旦）。掌禮處長進至排前中央，率領各官，向上行最敬禮。各官朝賀畢，再恭導皇上臨餐室升座。各官朝賀畢，皇上還宮（前引後扈如前）。各禮官分引朝賀各官至懷遠樓拜受賜酒。畢，各退。

上午十一時起，為第二班文官薦任五等至八等、武官上尉至少尉及待遇進宮朝賀賜酒，照第一班儀式。

陰曆元旦又有一番禮節，像毓崇日記載：

康德七年二月七日大臣等請示辭歲行禮，奉旨：「知道了。」（按，是日為舊除夕。）

二月八日大臣等奏行禮，奉旨：「知道了。」（按，是日為舊元旦。）

但親近人員仍向溥儀叩賀新年。

溥儀生於光緒三十二年（一九〇六）正月十四日，但是萬壽節定於正月十三日，這是因為正月十四日正是道光帝的忌辰，照例避免喜慶，所以提前一天。而這個萬壽節又是配合陰曆計算，所以每年不同。萬壽節的朝賀和賜宴禮節，和元旦大同小異，不再復述，光把康德三年（一九三六）二月五日萬壽節典禮事項預定時間表照鈔如下，也已可見其概了：

上午一一時一〇分至一三分　皇上自緝熙樓臨勤民樓。

一一時一八分　近支王公宗室朝賀，皇上臨內殿。
一一時一八分　各候見室本國朝賀各官開始排班。
一一時二七分　同右排列訖。
一一時二九分　皇上升座。皇上還內殿，朝賀各官退至候見室。
一一時三〇分　朝賀外賓在東便殿開始排列。
一一時三四分　同右排列訖，皇上升座。
一一時三五分　外賓朝賀開始。
一一時四二分　朝賀畢，皇上還內殿。
一一時四三分　蒙古王公等開始排班。
一一時四八分　同右排班訖。
一一時五二分　皇上升座，受賀畢，還內殿。
一一時五三分　宮內薦任官、校尉官至勤民殿內排列。
一一時四八分　清宴堂賜宴各官入席。
一一時五〇分　健行齋賜宴各官入席。特任官先入，外賓繼入。
一一時五八分　皇上由內殿經勤民殿、西便殿，臨健行齋。
一二時二〇分　宮內薦任、校尉官賜酒。
下午二時至四時　薦任、校尉官參賀簽名。
五時一五分　晚宴與宴人員入席。

此外還得一說的：溥儀每逢典禮賜宴，都用西餐，其功能表用精美的方式印就，便像康德三年（一九三六）萬壽節的賜宴菜單為：

冷食　乳汁濃湯　蒸燒鮮鯛　烤火雞　應時蔬菜　奶油點心　鮮果　咖啡

其酒為：

月桂冠酒　白葡萄酒　紅葡萄酒　竹葉青酒　丁巳年釀蜜酒

丁巳年（一九一七）釀的酒，已二十年陳，也算名貴的了。

至每逢萬壽節，內外臣工照例進表祝賀，其格式有作成整篇文字的，也有光書「恭祝皇上萬壽」等字樣的。現在抄一張賀表：

表

奉天省長臣葆康等為恭逢萬壽聖節，謹奉表叩賀

天喜者：臣聞稽天皇地皇人皇之年，算同逾萬；配夏代殷代周代之盛，績號登三。鴻禠光被，不殊軒昊之麻風；聖澤奩敷，克邁漢唐之修祚。欽維皇帝陛下，元苞含化，健運引年；慶比天長，祜隨日永。丹陵紀瑞，兕觥照銀樹之花；姚澤涎長，鶴籙映青旗之色。繪三羊而祝嘏，迓春光於化國，已覘萮滿春臺；賀六鼇而稱觴，望海氣於神山，更喜籌添海屋。丹顏長駐，控九夏而發政施仁；金鑒虔呈，著千秋而頤性養壽。徵五福於箕疇之九，稱萬歲而嵩呼者三。臣等仰戴

仁天，瞻依日月，同登壽域，頌禱罔陵。節值興龍，遙叩龍光於九陛；運逢從虎，願效虎拜於萬年。臣葆康等誠歡城忭，謹表以聞。

康德三年二月五日

奉天省公署總務廳長臣　竹內德亥
奉天省公署民政廳長臣　劉負初
奉天省公署警務廳長臣　三谷清
奉天省公署實業廳長臣　曹承宗
奉天省公署教育廳長臣　韋煥章
奉天市市長臣　王慶璋
奉天瀋陽警察廳長臣　齊恩銘

也照例呈進禮物，則像康德六年（一九三九）沈瑞麟、張海鵬、增韞、寶熙、胡嗣瑗等五人合進下列各物（據《進奉簿》）：

青玉佛一尊（硬木座）
古銅周簋鼎一件（硬木蓋，嵌玉頂，硬木座）
古銅周伯鼎一件（硬木蓋，嵌玉頂硬木座）
古銅商周虎鐔一件（有傷，硬木座）

古銅商妹䍙妹觚二件（硬木座）
古銅　敏觶一件
古銅商母丁觶一件
古銅商奈作爵一件
古銅商父辛爵一件

又《記事簿》載康德五年（一九三八）二月七日一個萬壽節的瑣事，也可以鈔在下面：

上午九時卅五分，上傳：「勤民樓受賀，帶全副寶星，傳侍衛處及武官處。」爵善來叩賀萬壽天禧，下午回奉天，請示皇上有何吩咐？上諭：「未有怎麼吩咐。」上諭：「叫毓　隨王公舊臣一塊行（禮），著掌禮處加入他的名字。」張緒銳擬上去行禮，上諭：「在院內叩頭。」下午一點一刻，惲寶厘言：「熙洽說：去年賜宴各軍管區司令官完了，每人賞給御紋章紙煙，請示今年可否照例賞給紙煙？」言語後，上諭：「可以。」

康德十二年（一九四五）溥儀生四十年了，毓嶦日記載：

二月二十五日萬壽節，上諭：「今年奉先殿奉移在防空室，雖朕四十整壽，只在緝熙樓西暖閣受賀。」

這是溥儀最後的一個萬壽節了。

康德九年（一九四二）八月十三日，慶貴人死了，這是溥儀所寵愛的，於是決定行使他皇帝的特權，追封為明賢貴妃。先停靈於西花園的暢春軒，隨移殯於敕建的般若寺。指派載濤、熙洽、寶熙、胡嗣瑗、鹿兒島虎雄為承辦喪禮大臣，載樞、毓懋、裕哲、恒潤、潤良、趙玉撫為靈前穿孝人員，暢春軒和般若寺各三人輪值。載濤特從北平趕來，組織實行本部，以部長、副部長總其事，其下分設筵前事係（管設奠和筵前庶務）、文書係（管文書，處理一切記錄和對外接洽通報）、行事係（管典禮和其他行事）、用度係（管會計、購備、營繕和車輛）、警衛係（管警備、消防和衛生），每係有係長、副係長和係員。他們參酌《大清會典》所載皇貴妃和貴妃喪禮，訂成兩個祭祀程式、四個典禮程式（本節根據《明賢貴妃喪禮關係文件》）。

吉安所內祭祀（暢春軒）

斂奠　八月十五日午刻。

初奠　同日。宮內薦任官同待遇以上行禮。另奉置神牌於般若寺，政府特任官待遇以上行禮。日本側敕任官以上參拜。

冊封　八月二十七日午刻。

大祭（有文）　同日續行。宮內薦任官以上行禮。政府簡任官、少將以上於般若寺行禮。

繹祭八月二十八日。

啟奠禮九月一日。

奉移禮祭與九月二日午刻。奉送範圍，宮內委任官以上。

術者推算「化命坤造二十三歲庚申（一九二〇）」，於是批定：「大斂用戊申月庚子日壬午時，利。」

從八月十六日到九月二日，每日早、晚、午還有照例的三祭。從大斂到首七的費用，預計如下：

早晚供席　七〇・〇〇元
午供桌　八八・〇〇（暢春軒一桌二十件，般若寺一桌二十件。）
祭肉　二二一・二〇（每塊一尺二寸見方。）
麵粉　五・七四
冰　四・〇〇
抬運金棺　三四・〇〇
席棚　一一八〇・〇〇
燒活　八六八・〇〇
孝衣手工　一三七・〇〇
喇嘛早飯　二二・五〇
喇嘛晚飯　三七・五〇
旅社　四五・〇〇

職員食費　八〇・〇〇

統共三〇九二・九四元。

暫安所祭祀（般若寺）

五七日燒傘　九月十六日。

周月致祭　九月十二日。宮內官行禮。

七七日燒樓庫箱子　九月三十日。

再周月致祭（六十日）　十月十一日。宮內官行禮。

三周月致祭　十一月十日。宮內官行禮。

百日讀文致祭　十一月二十日。宮內官行禮。

暫安所康德十一年（一九四四）度之經費，預算如下：

名稱	每次金額	年額	備考
祭費	三六元	一四四元	年四次。
經費	一五〇	六〇〇	年四次。
看守薪俸	一五〇	一，八〇〇	年十二次。
看守賞金		五五〇	年二次。

傭人飯費	二九二	每日八角，三百六十五日分。
電費　一五	一八〇	電燈，電熱。
煤薪	三〇〇	煤十噸，薪六百斤。
雜費	一〇〇	

全年共計三千九百六十六元。

冊封典禮

（先期恭製絹冊、絹寶。諏定吉日，請派正副使二人。）

屆時，正使、副使向安置冊寶案前行禮畢，舁至吉安所。其次，正使奉冊、副使奉寶，詣明賢貴妃靈几前，陳於案上。其次，正使宣讀冊文（副本），副使宣讀寶文（副本）。其次，正副使行禮奠酒畢。禮成，覆命。（正副使以下，均藍袍、青褂。）（焚化冊寶，於安園寢後行。）

大祭典禮

屆時，由執事員先導隨同行禮各員排班訖。其次，對引官導主祭官（熙洽）就位。贊禮官贊：跪，奠酒三叩，興。其次，讀祝官向祭文行三叩禮畢，捧祭文於奠几右側跪。贊禮官贊：跪。讀祝官恭讀祭文畢，仍恭奉於案，行三叩禮退。贊禮官贊：三叩，興。退立右方，面向左。隨同行禮人員分左右立。讀祝官請文面外正中立，出至燎池。主祭官隨行。焚祭文。主祭官跪，奠酒，三叩禮畢。禮成。

啟奠禮

屆時，對引官導承祭官（溥傑）至靈几前就位。其次，承辦喪禮大臣五員序班。其次，贊禮官贊：承祭官跪，行三奠三叩禮，各大臣隨同行禮，興。承祭官退立右方，各大臣退立左方。其次，請冠服筐，承祭官及各大臣隨行至燎池，焚冠服筐，承祭官行三奠三叩禮，興。禮成，覆命。

奉移禮

九月二日□刻，陳大升輿於□門外，行祭輿禮，由行事係長奠酒畢，舁夫若干名及執事官役備候。奉送官員均豫集。屆時，恭移金棺。欽派大臣奠酒，三叩，興，恭送登輿啟行。（欽派大員「宮內府大臣」先行至殯宮善候逢迎）前導，後扈，奉送者序從。金棺至殯門外，欽派大臣跪迎於門東。輿止後。輿，起。舁夫若干名恭舁金棺入殯門，至殯室，恭安正中。欽派大臣奠酒，三叩，禮畢退出。奉送官員全體依次行禮畢退出。

奉移行列規定為：警衛（雙行），喇嘛和尚，冊亭；寶亭，奉送者（雙行），影傘，都盛盤（雙行），提燈（雙行），大升輿（兩旁警衛），內廷奉送者（雙行），警衛。

喪禮餘存小麥粉十袋、白酒約四十斤，由溥儀批准，分給執事人員，多者粉一袋、酒一斤，少者粉四斤二兩。又孝衣發給執事員役，計發三十六件。

二三、兩部巨籍

清朝每一代皇帝死後，下一代的皇帝便指派大臣，用編年體纂輯他一代的大事，叫做「實錄」，寫成四部，分貯北平的皇史宬、乾清宮、內閣和瀋陽的崇謨閣。除未入關前的太祖、太宗兩朝，別經編纂，更有一種則稱《滿洲實錄》外，從順治到同治都這般辦理。光緒死後，實錄編成，宣統已經遜位，據陶湘《故宮殿本書庫現存目》，只寫成兩部：一在皇史宬，已不全；一在乾清宮，存第三九七至五九七卷，二百二十一本。實則在溥儀那裡還藏著一部（據《書籍簿》）。宣統沒有死，當然沒有實錄，但從遜位後，也曾就在位三年間事，仿照實錄體裁，編成一部《大清宣統政記》。據陶湘前書載，寫本十二冊，存放故宮博物苑文獻館，實則在溥儀那裡也還藏著一部，計有七十本（也據《書籍簿》）。從《滿洲實錄》到《宣統政記》，正是清朝二百九十六年間的全部史料。可是外間向沒有別本流傳，只有《滿洲實錄》曾由遼寧通志館於民十九年（一九三〇），委託遼寧省東北大學工廠印刷系影印行世；《宣統政記》曾由遼海書社於民二十一年（一九三二），用鉛字排印行世（作者在長春所讀，便是這一種）。其餘歷朝《實錄》，只有劉承幹曾在北平故宮博物院傳鈔一分。

滿洲國成立，便動議影印全部《實錄》，以為一種建國之紀念，時為大同二年（一九三三）。後日滿文化協會對於出版，願任調查之責。康德元年（一九三四）著手進行，以會長鄭孝胥、羅振玉、榮厚、丁士源、羽田亨、池內宏、水野梅曉組織出版委員會。議決交東京大藏出版股份有限公司承印，由經理木村省吾委託京都小林寫真製版所主小林忠次郎任攝影，東京單式印刷公司和田助一任製版印刷，文學博士小野玄妙任監督攝影。所據以攝影的，同治以前各帝《實錄》即用瀋陽崇謨閣藏本，惟宣宗朝缺道光十八年（一八三八）正月至六月七冊、文宗朝缺咸豐十一年（一八六一）七月至九月五冊，當向北平故宮博物院鈔補，其《光緒實錄》和《宣統政記》則用溥儀藏本。康德元年（一九三四）十月二十日，木村和鄭孝胥簽訂契約。日滿文化協會方面更委託評議員王季烈、盛京陵廟事務所趙所長、小野玄妙為執行委員，主持全書的分卷和分帙。十一月中，大體準備就緒。十二月下旬，開始攝影。二年（一九三五）一月下旬，第一帙《滿洲實錄》（滿漢蒙三文合璧繪圖）和《太宗實錄》十三卷十冊出版。三年（一九三六）十二月，全部完成。現在把他列成一表（本節根據水野梅曉《滿洲文化》說，惟表中《德宗實錄》和《宣統政記》兩項是作者補列）。

世代廟號	寫本帙數	冊數	卷數		葉數	影印本	冊數
			卷首	本文			
滿洲實錄【太祖太宗二朝】	二	八			八三四	一	一〇
太祖實錄【天命天聰】	四	一三	三	一〇	二八六		
太宗實錄【崇德】	一二	六八	三	六五	二，一五八	二	二〇
世祖實錄【順治】	二四	一四七	三	一四四	三，二四一	三	三〇
聖祖實錄【康熙】	一〇一	三〇三	三	三〇〇	七，五四五	七	七〇
世宗實錄【雍正】	五四	一六二	三	一五九	四，一八七	四	四〇
高宗實錄【乾隆】	二四四	一、五〇五	五	一、五〇〇	四二，二〇六	四〇	四〇〇

世代廟號	寫本帙數	冊數	卷數		葉數	影印本	冊數
			卷首	本文			
仁宗實錄【嘉慶】	九四	三七八	四	三七四	一〇，五六八	一〇	一〇〇
宣宗實錄【道光】	一二〇	四八一	五	四七六	一五，七一七	一五	一五〇
文宗實錄【咸豐】	四八	三六〇	四	三六五	一一，〇八五	一一	一一〇
穆宗實錄【同治】	五五	三七八	四	三七四	一三，九三七	一四	一四〇
德宗實錄【光緒】			四	五九七		一一	一一〇
宣統政記	七〇					三	三〇
合計	七五八	三、八七三	四一	四、三五五	一一一，七六四	一一二	一、一二〇

據說《實錄》共印三百部，由溥儀出資三十萬元。原擬概不出售，後因日滿文化協會職員薪水沒有著落，劃出二百部發售，每部作價一千五百元。餘存一百部，封存瀋陽的文溯閣——藏《四庫全書》的一閣。

對於這件事，實在最熱心的應推羅振玉。在他所著《貞松老人遺稿》中，有一篇〈與柯鳳蓀（劭忞）學士書〉和跋語，節錄於後，由此，印行《實錄》的來歷更可顯明。

> 玉避地六年矣！邇來抱病逾年，僅存一息，不復措意於人間事。惟尚有一事極不能忘，則二百餘年之信史是也。……鄙意能……先將《實錄》、《史稿》由史館早日刊行，此上策也。否則如下走者，雖轉徙餘生，生計將絕，而天良未泯，願盡斥鬻所藏長物，出私資印行。……總裁趙尚書

（爾巽）世受國恩，請以鄙意轉達。若不以為誕，五定趨赶國門，面商此事。玉往者矢於神明，莽卓尚存，此身不忍入春明，今為此事渝盟，不悔也。……

此書發後，未得報章。復移書寶沈庵宮保（熙），並告以先由予捐寫官之費三萬金。乃趙謂國史未刊行，《史稿》不能隻字流出，拒之甚嚴。越數年，趙以館用匱，乞劉翰怡京卿（承幹）佽助。予告劉，當以傳寫《實錄》邀之。趙立許可，但云不可告羅參事，彼前以是請，未允也。及鈔成，譌奪甚多，無從勘正。及滿洲舊邦新造，予函商亡友內藤湖南博士，極贊同。及兩國創立文化協會，遂議決刊行。顧中間阻尼百出，蜚語橫生。又德宗、今上兩朝不在豫算之內，乃由予先倡捐萬二千元，會中諸君贊之，乃勉強告成。（《後丁戊稿》六十四頁）

振玉在滿洲國，又曾捐資影印《孚惠全書》。這書彙載清初撫賑詔令，係乾隆六十年（一七九五）所纂輯，寫本凡六十二冊。影印本十二冊，裝成兩帙，康德三年（一九三六）終印成。

清代皇族的家譜，叫做「玉牒」。規定每隔十年一修，也照實錄寫成四部，分藏北平的皇史宬、乾清宮、內閣和瀋陽大內。自從宣統遜位，久經失修。滿洲帝國成立，由宮內府大臣熙洽等發起重修，改稱「宗譜」，並付印行。事得溥儀嘉許，並給與費用。從下面所錄熙洽等所作序文，便可知其經過：

恭修愛新覺羅宗譜序

漢司馬遷世典周史，習聞掌故，所撰《史記》十表，昉於周之譜牒，與記傳相發明。然其諸王與王子侯表，皆離而不屬，難於考見世次。《唐書》有宗室世系表，而玄宗以後，諸王不出閣、不分房之子孫，皆缺而不書。《宋史》亦列宗室世系表，所記支子而下，各以一字別其昭穆，而宗正所掌，有牒有籍、有圖有譜，以敘其系而著服屬之遠近，故其表載各房之子孫，視歷代為最多，足為後來之法。我朝纂修玉牒，始於順治八年。嗣後每越十年則續修一次，開館舉行，典禮隆重。定顯祖以下之子孫為宗室，與祖、景祖之子孫為覺羅。宗室載入黃檔，覺羅載入紅檔。玉牒之內，帝系自為一帙。凡宗室覺羅生卒年月，以及出身之有無、爵秩之升黜，以直檔詳記之。至其世次輩分，則備錄於橫檔中，橫檔即今之橫表。意至周，法至善也。辛亥國變，三次停修。大懼宗族之離析、世系之失考、支派之無稽，上無以副敬宗收族之盛心，下無以解數典忘祖之至誚，馴致莫名服屬，誤為婚煙，昧厥本源，視同陌路。族之明達，[B二二〇]然傷之。以官修玉牒，舉辦無期，不如變通舊章，改為私辦。易玉牒之名為宗譜，省繕寫之勞而印行。昔以尊藏金匱，為敬禮之原；今以傳佈人間，示親疏之誼。因於康德二年（一九三五）春，合詞上聞，仰蒙嘉許。當與宗人府宗令貝勒載濤，往復商榷。於北京、盛京分設愛新覺羅修譜處，族人中有熱心此舉者，分別擔任調查戶口之增減、人事之推移。在北京總其成者，為宗人府理事官樸厚，副理事官鍾繼、溥瀛；在盛京總其成者，為禮部主事斌瑄、滿洲炭礦會社監事金松喬、奉天維城學校校長慶厚。於是三十年來同族之事實，十有八九，得所據依。先仿照玉牒格式，恭畫帝系圖，次記錄列聖列後之大事，以妃嬪皇子皇女附，名曰《星源集慶》。並由盛京皇宮請出光緒三十三年分玉牒，鳩工照錄成帙。乃變更成式，將直檔所記者，統行編列檔表之內，復以此次新調查者繼續添入。事閱兩年，始見告成。雖續添者不無遺漏，而同族人士藉以因流溯源，報本追遠，當思何以承先澤、啟後昆，爭相奮勵濯磨，庶幾葛藟庇其本根，而枝葉有蕃衍盛大之美，是則臣等恭修宗譜之本意也夫。

康德四年（一九三七）十二月，勳一位宮內府大臣臣宗室熙洽、勳一位宮內府顧問臣宗室寶熙謹序。

本書印成，共裝八冊，積高約半公尺。用天干分註冊面，甲、乙、丙、丁為宗室宗譜（即玉牒的黃檔），戊、己、庚為覺羅宗譜（即玉牒的紅檔），《星源集慶》另為一冊。

清朝皇族命名，表明輩分，雍正一代用「胤」字，乾隆一代用「弘」字。乾隆又為其子孫預定八個字——「永、綿、奕、載、溥、毓、恒、啟」，咸豐續定四字——「熹、闓、增、祺」。這次修譜，溥儀又定十二字——「敬、志、開、瑞、錫、英、源、盛、正、兆、懋、祥」。

二四、三位老臣

鄭孝胥在前清，素不滿慈禧太后。所以某次張之洞給他辦成了一個保舉，他不肯換頂戴，昌言恥事女主。及至辛亥革命爆發，他還在說這是太后專政所釀成。這時，他新被任命為湖南按察使。不久，宣統遜位，他就退隱於上海海藏樓，始終不承認有一個中華民國。

光緒十七年（一八九一），孝胥為駐日本公使館秘書。第二年，升為駐東京領事。後來又調駐神戶、大阪總領事，和日本、朝鮮人士很有往來。二十年甲午（一八九四），中日戰爭發生，隨公使下旗回國。這是孝胥和日本的淵源。

宣統元年（一九〇九），東三省總督錫良調孝胥籌畫建築錦璦鐵路和葫蘆港。他已和英美議訂借款興工條件，卻給中央所擱置，沒有成功，只辦了一件防止鼠疫的事。這是孝胥和滿洲的淵源。

孝胥雖在上海做了十二年的前清遺老，但是民國六年（一九一七）的張勳復辟，似乎於他是沒有份兒的。民十二年（一九二三），他才奉召到北平見溥儀。那時，張勳新死，所以在他〈輓張忠武〉詩中還說：「使我早識公，救敗豈無術？」然而接著又說：「猶當歌正氣，坐待桑榆日。」（《海藏樓詩》卷十，頁五）分明表示他也要來一回復辟。民十三年（一九二四），他做了溥儀的內務府總理大臣。〈三月初十日夜值〉詩，其一云：「大王事獯鬻，句踐亦事吳。以此慰吾主，能屈誠丈夫。一慚之不忍，而終身慚乎？勿云情難堪，且復安須臾。」其二云：「天命將安歸，要觀人所與。苟能得一士，豈不勝多許？狸首雖寫形，聊以辟群鼠。持危誰同心，相倚譬蛩驅。」（卷十，頁八）從此孝胥就成為溥儀的一位老臣，一心要幫成溥儀復辟。這一年是舊曆甲子，講術數的人通常以甲子為更始之象，也許他以為這是中興的時機來了。可巧這一年國民軍請溥儀出宮，溥儀就逃入日本公使館，像上面所述，分明這是孝胥所主張，而以後的給日本做傀儡，也就在這時註定了（參看第五節）

民十七年（一九二八）八月，孝胥和他的大兒子鄭垂到過日本。《海藏樓詩》中之〈近衛文麿公爵招宴星岡茶寮，小田切、萬壽之助即席贈詩，次其原韻〉有道：「申胥見比吾何敢，聊為披肝皎日前。」（卷十一，頁二十四）這就是日本人恭維孝胥，比他做乞師秦廷的申包胥，孝胥謙遜不敢當，也只把心事向他們表白一番。想見他們杯酒之間，已在討論著復辟的事。

民二十年（一九三一）二月二十四日，孝胥回到上海，海藏樓前，花事已殘，於是作詩有云：「置子魯陽戈，行看日再中。」（卷二，頁十三）接著，便把樓售去，重到溥儀那邊。九月，滿洲事變發生。似乎他早知快有這一幕，遂為破釜沉舟之舉。十月，隨同溥儀，在日人祕密保護之下，到了旅順、大連。從此他就公開活躍，發動復辟。現在讀《海藏樓詩》，正可想見他當時的情緒：

淡路丸舟中

同舟二帝欲同尊，六客同舟試共論。
人定勝天非浪語，相看應不在多言。（卷十二，頁十三）

第一句便是後來日滿一體論的說法。第二句所說六客，我曾考得四人，便是鄭孝胥、鄭垂、佟濟煦、工藤忠。

旅順雜詩其三

彌天四海盡虛名，西抹東塗讓後生。
七十老翁閒抱剏，思量次第便收京。

其四

繁霜漸覺鬢毛侵，揭日移山尚有心。
狂煞拿翁自天縱，字書難字不曾尋。

其五

地闢天開待巨觀，爭教理會到儒酸。
莫從鼠窟營生活，敢請諸賢放眼看。（卷十二，頁十四）

文化臺得宅在巖谷間，名之曰遐谷，詩以記之

真人已出龍猶潛，反掌乾坤見新局。
豈知投老歸何所，懷想舊京倚喬木。（卷十二，頁十五）

原來他和本莊繁、張景惠、臧式毅、熙洽等策劃復辟，已快成熟了。

民二十一年（一九三二），滿洲國成立，溥儀做執政，孝胥做國務總理，兼軍政部總長，又兼文教部總長。民二十四年（一九三五），溥儀再做皇帝，孝胥仍做總理國務大臣。可是日本人對他並不滿意。因為日本人的計畫，他要修改；關東軍的主張，他敢駁回。終於在溥儀做皇帝後的第三年（一九三六）上，被迫告退。再過三年（一九三八），他就死了，葬在瀋陽，據說滿洲國的京都，孝胥本主張要在瀋陽的。日本人卻定要在長春。身前爭之不得，死後也要埋骨在此。他的夫人先死在上海，這時也移柩東來合葬，強迫老婆同做滿洲國的鬼。

羅振玉在前清的官銜為學部參事官、農科大學監督、學部二等諮議官、丞參上行走。辛亥革命（一九一二）後，他也自居於遺老。但也直到民十三年（一九二四）便是甲子年，才重入北平，做溥儀的老臣。從此以後的生活，可看他兒子所作哀啟：

> 甲子（民十三年（一九二四））夏，奉旨著在紫禁城騎馬。八月，奉命入直南書房。未幾，值宮門之變，先嚴扈蹕幸使館，復侍上微行至天津。……戊辰（民十七年（一九二八））冬，奏陳乞身，遷地旅順。辛未（民二十年（一九三一））秋，滿洲事變勃發。先嚴受各方之託，往來於奉、吉、黑間，籌商建國大計。……大同元年（一九三二）春，先嚴扈駕入都（長春），國基大定，即辭卸參議府參議及振務督辦職。康德二年（一九三五）夏，轉任為監察院長，堅辭未蒙俞允。康德四年（一九三七）五月，……蒙恩引退，歸寓旅順。但每隔數月，必詣新京，恭請聖安。

民十七年（一九二八）後振玉的退居旅順，原是說因病休養，但是吾們試看他所作《冷吟社詩集》序：

予自津沽徙寓遼東，意謂黑山白水，王跡所基，其間殆有命世之才，晦跡庸眾，待時而動者，將訪求其人，與商大事。乃見宿將某，示以意，窺其酬對雖慷慨，而中少誠意，舍之去。已又聞吉林參謀長熙公（洽）任俠負奇稟，欲往見，求寶沈庵宮保（熙）為之介。或泥之曰：「此公飲醇近婦，何見為？」予曰：「此安知非有託而逃，以晦其跡耶？」卒往見，則果磊落坦白，推襟送抱，與某宿將大異。因以平日之所期者期之，且鄭重後約。逮柳條溝之變，則去與君相見，尚未逾年，亟攜兒子於戎馬縱橫中，再訪公理前約，且以成謀告。公果奮袂而起，首率諸將樹立宏業，於是世莫不知新邦之建立，公其首功也。……康德三年（一九三六）春正，抱殘老人羅振玉書

或許可以斷言，振玉當時實有一個任務，便是祕密籌畫復辟。振玉因為玩骨董、弄考據，和日本人士相識很多。旅順又是前清恭親王、肅親王等群居之所，在日本卵翼下時作復辟念頭。所以振玉的出居旅順，決不是偶然的，而這一篇序恰好道出當初復辟運動的一段祕密。

康德七年（一九四〇）六月十九日，振玉死了。

民三十四年（一九四五），蘇聯盟軍開入旅順，據說要用振玉的房子，把屋裡的東西盡數丟出馬路，於是數十年的收藏，一朝散失無遺。

陳寶琛是溥儀的師傅。他從宣統三年（一九一一）到民二十一年（一九三二），始終沒有離開過溥

儀。溥儀出關時，他沒有從行。只於溥儀到旅順後，去見過一次。到長春後，又去見過兩次。民二十四年（一九三五）二月，他死在北平。陳立三給他做墓誌銘說：

甲子（一九二四）十月之變，公衣冠立神武門外，不得入。聞車駕幸醇親王府，亟奔赴。旋定出狩天津，事秘不聞，公終未嘗為人言也。所進講，大要主修德，奉天時，循遵養之義，靜以觀天下之動。丁巳（一九一七）五月之役、辛未（一九二一）十月東北之行，皆非公本謀。或以怯懦見疑，公不自別白，惟深矉太息而已。疾革，顧諸子曰：「已矣！我有所負疚，極不能忘者，今且奈何！」（原文載《陳文忠公奏議》）

似乎還能忠實地寫出寶琛的心事。總之，寶琛是不主急圖復辟的。他兒子所做的行述又說：

復將於去秋（一九三四）往覲，病咳嗽，入舊京就醫。冬後，病寒不出戶者兩月。命不孝懋復往謹代祝嘏。……不孝懋復正月十九日返命，先君已復病，入德國醫院，卒不效，護歸，瀕危，呼不孝語云：「此局將何以繼？」遂革。

此局將何以繼？便是說：這一個滿洲國將怎樣下去？似乎寶琛也早就見到它不能持久的了。

寶琛第四個兒子陳懋需，學習航空駕駛，於康德四年（一九三七）一月自殺，據說為和溥儀某一妹子失戀之故。

這三位老臣，溥儀於陳寶琛死後，賜謚文忠；羅振玉死後，賜謚恭敏；於鄭孝胥彌留時，賜給大勳位。前兩個還是清朝的派頭，後一個卻是日本方式。

二五、零縑斷簡中的祕密

凡我給本書所搜集的資料，都已盡歸納在上面幾節。此外在叢殘的文件中，還有多少零星消息，或許為外邊所沒有知道，如今也酌採幾段，編成這一節。

康德元年（一九三四）三月一日，溥儀開始做他滿洲帝國的皇帝，滿洲和日本各界人士都有賀表。就我所見的，形形式式，也有幾百件。其中有一件，正是上海漢奸常玉清的。那表中說：

奴才常玉清跪奏，為欣逢大典，恭詣慶祝，並瀝陳下情，恭摺仰祈聖鑒事：竊奴才係荊州駐防鑲黃旗滿洲人。幼習騎射，練武術。及長入伍，充荊州常備正兵。嗣應湖北第八鎮召募，由士兵洊充營長。值辛亥慘變，權奸篡國，奴才賦性粗戇，痛不欲生。伏念我大清三百年深仁厚澤，深繫民心，列聖相承，毫無遜德。雖少數盜賊謀叛，而全民感戴仍殷。天祿未終，中興可期。然雪恥復國，責在青年。故偷生待機，冀以續罪也。惟奴才一介武夫，罔知大計，因即約集同志，宣誓報國，死而後已。於是相率到滬，藉租界之庇蔭，謀國事之進行。凡各省駐防旗人到滬者，盡數收容。不一年，集千數百人。惟來者愈眾，生計愈窘。不足之給，均仰賒欠衣糧，以為生活。奴才因此而被商號迫索繫押者三次。嗣與日商接洽，專保大康、豐田、同興三廠工人事宜，以為根據之地，續來者方無餓殍之虞。奴才併入家理教，收納同志為徒，數年間而以報國為志之同鄉及門徒，計數萬人。屢次乘機發動，只以才力薄弱，終歸失敗。然而銳進之志，愈挫愈堅。幸賴我皇上鴻福厚德，得邀天眷，而有九一八之事變。彼時滿洲民心之傾向既定，其在上海之同志，圖報尤急。而日軍元帥白川大將素鑒奴才忠清親日之誠，委為上海維持會會長，兼警務處長之職。奴才以二十年之艱險備嘗，至此時機已熟，當勵於眾曰：「殺仇報國，正此時也。」並宣言以打倒革命黨，克復南京，俘掠蔣、馮渠魁，收回國家寶器為目的。眾人聞之，齊聲效死報國，勇憤莫當。於是組織便衣隊，暗助日軍擾亂敵陣，並輸送日籍民人男女回國等事宜。艱險不避，爭先效忠，深得友邦當局嘉許。惟戰事雖勝，旋經講和，而逆黨詆奴才為漢奸，危害民國，以二十萬巨款懸賞通緝，遣逆暗殺，並沒收財產。維持會同志胡立夫被逆捕殺，奴才因即奉家母避居大連。伏念奴才同志等以雪復失志，犧牲何惜，計是役殉難、負傷及被逆黨俘屠者數百人，雖死猶榮。惟未能犁庭掃閭，還我河山，為之太息痛哭者也。所幸者，我皇上建國滿洲，已樹萬年不拔之基。兩年以來，實行王道，廣布仁政，四境乂安，五穀豐登，天扶昌運，民歌復旦。我皇上俯納群情，躬承天命，御極大位，以正國體，上繼列聖之宏業，下慰人民之喁望，孝德俱崇，薄海欽歡。奴才愚懵，尤深鼓舞，恭覩陛下叩旨，奉申慶祝，光榮逾分，誠欣誠感。惟念全國四萬五千萬民眾，二十年來均在水火之中，今東三省三千萬人民得其昭蘇，而關內我後，未免怨望。奴才從事關內多年，深知人心思清。倘被慈祥之德，入關拯救，無俟制挺以撻，行將簞壺以迎，而少數逆賊莫之能禦也。抑有陳者，奴才此次晉京，係為欣參盛典，並奏陳關內民情，上慰宸衷。奴才素身居賤，無補時艱，毀家紓難，未益尺寸，既不敢冒邀天恩，復不敢奢求倖進。然請纓羈虜，志願仍堅，渡江擊楫，誓言猶奮。倘蒙垂念側陋，賞加驅使之時，則粉身碎骨，以報世恩，冀以稍減罪戾於萬一，是為榮感。謹陳下忱，無任悚惶。恭摺具奏，伏乞皇上聖鑒。謹奏。康德元年（一九三四）三月十日。

所云結合滿人，希圖復辟，是否可靠，雖不可知，而其諂附日人，侵略中國，正好在這裡得到一個證明，如今被判極刑，也可說死有餘辜了（按，原表前有宮內府收文面紙，經宮內府大臣批一「閱」字。收文元字十一號，檔案勤字第五號）。

陳夔龍等久為上海寓公，不知怎樣也有下面一個賀表：

奏

太子少保前北洋大臣直隸總督臣陳夔龍等跪

賀皇上天喜。

康德元年（一九三四）三月一日。

太子少保前北洋大臣直隸總督臣　陳夔龍

太子少保前廣東陸路提督臣　秦炳直

前雲南提學使臣　葉爾愷

前署安徽提學使臣　張其淦

前署直隸提學使臣　林葆恒
前翰林院編修臣　喻長霖
前翰林院編修臣　高振霄
前翰林院編修臣　張啟後
前山東濟南府知府臣　黃曾源
前禮部主事臣　蘇慶盉
前筆帖式臣　黃孝紓
前二品蔭生臣　陳昌豫

滿清和蒙藏，向來維持一種特殊關係。王公喇嘛按年到京朝見，還有貢物；皇帝也殷勤接待，賞賜珍異。滿洲國成立，仍保有這種場面。譬如西藏班禪，是一個大家很熟悉的人物，吾們在《進奉簿》上，見到大同元年（一九三二）七月五日，他曾向溥儀呈進下列各物：玉佛一尊、綠豆煙壺一個、金陵緞袍料一件、藍克絲絨褥面一件、藏毯二塊、如意一柄。又如在《主子銀器簿》上，見到內蒙古喀喇沁中旗札薩克多羅郡王漢札布之妻，於大同元年（一九三二）七月十九日，進紅絨墊花佃胎一分、西洋賽真花卉六枚、點翠正鳳一支、穿珠正鳳一支。又如《藥品簿》上所載紅花，是青海八大呼圖克圖與薩班智達佛和張佳呼圖克圖所進。又如《主上衣料簿》所載第五七四號皇后做單旗袍的織花紬衣料，是內蒙古喀喇沁中旗達爾罕親王那木洛勒色楞和福晉博儒所進。

不過青海、西藏還在中華民國版圖，且和滿洲距離遙遠，似乎還沒有年班覲見之事。只有熱河、蒙古相處較近，往來格外密切，下面一個《熱河蒙古王公來京覲見名冊》，也是一個證明。原冊注明「自三月九日起，至四月十八日止」，至於何年之事，則不可考了。

日期	姓名	身分	寓所
三月九日	林親好爾老	卓盟小庫倫旗札薩克王羅布桑林沁代表、卓盟小庫倫　旗公署翻譯	醉仙旅館
同	那達木德	卓盟小庫倫旗札薩克王羅布桑林沁代表	同
三月十七	讚揚舍堂	加封車臣諾門罕他藍色呼畢勒罕賓旗和碩喇嘛	滿洲旅社
同	占巴商卜	恰克圖廟大喇嘛	同
三月廿三	伊溥崇格	昭烏達盟阿魯科爾沁旗右翼梅倫旺沁帕爾賚札薩克親王多羅郡王代表	福順棧
同	色楞多爾濟	昭烏達盟阿魯科爾沁旗汗伍廟察罕達爾汗呼圖克圖教下事務員	同
四月四日	札噶爾	巴林右旗親王	越香春
同	色旺札布	翁牛特右旗親王	同
同	勒札勒林沁旺寶	敖汗左旗親王	同
同	拉沁旺禁克	翁牛特左旗親王	同
四月四日	諾拉嘎爾札布	克什克騰旗輔國公	同
同	嘎拉僧札布	敖汗右旗輔國公	同
同	陳效良	喀喇沁右旗代表	同
同	金永昌	同	同
同	古儒巴思	奈曼旗札薩克全權代表	同

四月十三　仁親倉布　卓盟喀拉沁東旗札薩克默爾賡額代表　三元棧　西四馬路
同　蘇達那木達爾濟　昭烏奈曼旗札薩克和碩親王　醉仙旅館
四月十四　貢噶諾爾丕勒　東土默特札薩克郡王旗代表協理　永安旅館
四月十八　察罕達爾汗呼圖克圖　誠修靜性管理京城和寺廟喇嘛　福順棧
同　色拉哈旺珠爾　興安南分省科中旂貝子銜輔國公　同
同　旺沁帕爾賚　昭烏達盟阿魯科爾沁旗親王　同
同　達克丹彭蘇克　卓索圖盟盟長喀爾喀旗札薩克親王銜郡王　同
同　瑪哈巴薩爾　卓索圖盟招撫司令吐默特左旗管旂章京　同
同　多布丹巴勒珠爾　輔國公　同

四月二十一日，對於下列熱河蒙古王公和大喇嘛，另外由溥儀賜宴：

讚揚舍靈　占巴商卜　蘇達那木達爾濟　貢噶諾爾丕勒　察罕達爾汗呼圖克圖　旺沁帕爾賚　色拉哈旺珠爾　達克丹彭蘇克　多布丹巴勒珠爾　瑪哈巴薩爾

而對於下列諸人，更由溥儀賜給御書：

占巴商卜　蘇達那木達爾濟　貢噶諾爾丕勒　察罕達爾汗呼圖克圖　旺沁帕爾賚　沙拉哈旺珠爾籠絡心情，顯很濃厚了。

從《銀器金器簿》和《雜物紀念章電燈簿》，屢次見到注有「康德十二年（一九四五）一月二十四日，下賜關東軍」字樣。溥儀本常有致送日本方面的禮品，可是這一次在同一天而有許多東西送給同一物件，絕非尋常贈與。且其中有好多種東西，原為日本方面所送，很為不解。又屢次見到注有「康德十二年（一九四五）三月二十三日特別用」字樣，而在《地毯靠墊簿》上，同有這樣的注明，也很費解。後問宮內府舊吏，據說，那時日本因戰事臨到最嚴重關頭，作戰物資更感缺乏，因在滿洲國向民間徵求捐獻金銀銅鉛錫和羊毛物品，一面暗示溥儀也要捐獻，溥儀當然不敢不從，於是第一次提供了一批銀器，而美其名曰「下賜」；第二批又提供了一批銀器、銅器、鉛錫器和地毯，而造作了一個「特別用」名詞。現在把全部品名鈔在下面，也可見日本戰時搜括的認真了！

康德十二年（一九四五）一月十四日「下賜關東軍」：

△《銀器金器簿》

第二號　銀質刻花瓶一對

第三號　四腿兩耳銀盃一件

第四號　雌雄雞大銀瓶一件

第五號　銀質刻山水瓶一件

第二十三號　銀質飛機模型一件

第四十三號　銀質軍艦模型一件（原係小林省三郎進）

第四十七號　銀質聯裝高角炮模型一件

第五十二號　銀質雙耳代楞高方式花瓶一對（原係住友吉左衛門進）

第五十七號　鏨花銀瓶一件
第六十三號　銀質炮艦模型一件（原係橫尾龍進）
第六十四號　銀質富士山一件（原係上井高公進）
第七十六號　銀質雙鳳耳雙層透空蓋花盛器一種（原係大阪府市長加口英武夫進）
第七十八號　銀質鏨菊花大瓶一件（原係南滿洲鐵道株式會社松岡洋右進）
第八十二號　銀質飛行機置物一件
第八十四號　銀質雕刻山樹房屋花瓶一件
第九十三號　銀質雕刻蘭花大花瓶一對
第九十四號　銀質刻蘭花雲形花瓶一件
第一百六號　銀質刻蘭花花瓶一件
第百十一號　銀質刻菊梅蘭花壇式小瓶一件（原係東久邇宮盛厚王殿下進）
第百十七號　一等巡洋艦銀制模型一件（原係鎮海警備府司令長官後藤英次進）
第百十八號　銀質刻花雙耳花瓶一對

△《雜物紀念章電燈簿》
第十二號　銀瓶式桌電燈一件
康德十二年（一九四五）三月二十三日「特別用」：

△《銀器金器簿》

第八號　銀酒杯六件
第九號　銀鍍金文具一份計三件
第十號　銀質刻花方盒一件
第十一號　銀鍍金刻花墨水匣一件
第十二號　銀鍍金刻花墨水壺一件
第十三號　銀鍍金刻花方盒一件
第十五號　銀鍍金刻花鳥瓶一對
第十六號　銀質雙耳小瓶一對
第二十一號　銀質刻竹圓盒一件
第二十二號　刻花小銀盃六件
第二十四號　銀煙具一份
第二十五號　銀盃一件
第二十六號　銀盃一件
第三十號　銀質鏨紅花綠葉四角口小瓶一對
第三十二號　銀酒杯一件
第三十四號　銀酒杯一件
第三十五號　銀鏨荷蓮鳳凰牡丹小方插瓶一件

第三十六號　代蓋雙耳銀盃一件
第四十八號　銀質三足代蓋小鍋一件隨銀盤一件銀燈一件
第六十一號　銀質船舶模型一件（原係大阪商船株式會社社長村田省藏進）
第六十六號　銀質刻菊花大瓶一件（原係大阪每日新聞社進）
第七十四號　銀質船模型一件（原係兵庫縣知事湯澤三千男進）
第七十七號　銀質諫鼓雞一件（原係滿洲煙草株式會社取締役董事長答川太郎吉進）
第七十九號　銀質軍艦模型一件（原係三菱合資會社社長巖崎小彌太進）
第八十七號　銀質鏨松鶴瓶一對（原係富田勇太郎進）
第一百一號　銀質刻蘭花中煙箱一件
第一百四號　銀質陸軍偵察機模型一件（原係東久邇宮進）
第一百七號　銀質刻金國花酒杯一組計三件
第一百九號　銀煙箱一件
第一百十號　銀酒杯四件碟四件
第百十九號　銀質花葉形煙具一件

△《地毯靠墊簿》

第十六號　大地毯一塊（原列大地毯四塊腳墊一塊）
第十八號　各色長條地毯五十五卷
第十九號　紫地黃藍白花大地毯一塊

第二十號　灰地杏黃心黃藍綠小地毯一塊

第二十一號　紫地灰色心五彩花大地毯一塊

第二十二號　灰地五彩花大地毯一塊

第二十三號　各色零碎地毯四卷

第二十九號　綠道鳳凰元壽字地毯一塊

第三十八號　杏黃地藍黃紅綠花方地毯一

第四十號　藍地五彩花小地毯一件

第四十一號　紫地白方格織人物馬小地毯一塊

第四十三號　灰色黑黃花地毯二十二塊

第四十四號　黃地紅藍紫綠花栽絨方地毯二件

第四十七號　藍地五彩花栽絨小地毯一件

△《雜物紀念章電燈簿》

雜物門

第七十八號　白鐵長方盤一件

第百四十七號　特別演習紀念白銅杯一件

第百五十三號　木托鐵書夾一件

第百五十四號　軋果子汁鐵機器一份（原係板垣征四郎進）

第二百十一號　野戰小景鐵鑄日本兵一件（原係曰名子實三「藤山一雄代」進）

第二百十三號　帶黑石座銅炮手一件

第二百三十二號　錫刻松樹五楞八角小盆一件

第二百五十四號　鉛礦石標本一件（原係加藤穆夫進）

電燈門

第三號　桌電燈一件

第六號　銅桌電燈一件

第八號　銅矗電燈一件

第九號　銅矗電燈一件

第十六號　桌電燈一件

第二十號　銅矗電燈一件

大同元年（一九三二）八月十五日，溥儀妹韞穎與潤麒結婚，曾見其節目單一件：

三格格于歸

日期　八月十五日（七月十四日）

時間　上午十一時

地址　執政府大禮堂

送親　溥儀、溥佳、鄭隕鼓、金卓

伴娘　裕哲之妻、馬驥良之妻

團圓桌　溥佳夫婦
陪伴額駙　張夢潮、熙輪奐、連組、齊蒲深
宣讀諭旨　寶熙
贊禮　商衍瀛
指揮樂隊　金毅
拿紗　熙洽之女、李縣長之女

又見內外臣工送禮清單：

大同元年（一九三二）八月十五日即夏曆七月十四日

三格格于歸賀敬單
良豫　喜筵成桌
鄭孝胥　衣料四件　銀鏡屏一對　七寶燒花瓶一對　咖啡壺成套　香煙盒成套
宗室熙清　衣料二件
中央銀行駐吉理事劉燏棻　衣料成件
工藤忠、憲原、金卓、連組、憲基、金毅、郭文林、趙硯農、金純善、趙普善　衣料四件
金智元、潤良、熙輪奐、鄂雙全、毓峻、車林端多布、馬驥良、孟靖洲、張夢潮、齊蒲深、趙國

圻、霍殿閣、裕哲、趙玉撫　衣料四件
陽倉札布、靜莊　衣料四件　銀鼎一座　梳具成盒　銀瓶成對　自來火煙盒一只　手皮包一只
綢手帕成盒　毛巾成盒
榮二小姐　衣料四件
崔惠福　衣料一件　手帕一件
金扎拉芬、和希格　鐲子一對　戒子二對
魯勒木色楞、巴雅斯古朗　玉冷佛　紅帳一端
張海鵬　金鐲成對　衣料四盒
德楞額　衣料四件　金壁東錶一隻　瓶一對　煙具成套
熙洽　洋五千元
林鶴皋　衣料一件

其中陽倉札布亦為內蒙古科爾沁左翼中旗人，溥儀封為和碩溫都親王，一度代理本旗札薩克，後任宮內府顧問，宮中稱為「陽王」。其妻靜莊，便是憲原之妹。陽王很富有，夫婦兩人對於溥儀時有豐厚之進奉。

溥儀有時把幾個妹子接進宮中小住。康德二年（一九三五）九月，溥儀出巡，四格格在宮中，《記事簿》有兩段記錄，鈔在下面，可作為他們在宮中生活的一例。

康德二年（一九三五）九月八日下午二點，袁恒壽言：四格格傳：「擬皇后與皇上電報稿二件。」當即擬二件：一「皇上聖鑒：御駕行幸，聖躬安否？皇后佳九日齊八日。」一「皇上聖鑒：聖駕行幸濱省，現至何處？聖躬安否？」以上二件擬妥，交袁恒壽呈四格格閱。九月八日下午八點十五分，袁恒壽交下第一電報稿言：四格格傳：「明早九點發電報。」當即赴警衛處問發電報手續。奎福言：「收發課知。」又赴收發課，詢問發官電、商電手續。收發課云：「發官電須總務處蓋章，方能發。」九月九日早八點三十分，收發課來電話言：「總務處已擬妥電報稿。」即赴總務處，問何人讓擬電報？據云裡邊傳。商衍瀛來時，即將毛永惠所擬電報底與伊看。伊云：「打電報不能出皇上、皇后，須出臣子名義。」永惠隨云：「總務處現擬出電報底稿一件。」商衍瀛云：「拿來看。」永惠赴總務處將電報底取出，交商衍瀛看。商衍瀛云：「可以用此底。」隨即拿進，交袁恒壽呈四格格。旋袁恒壽下來言：四格格傳：「以後再遇此等事若與外邊商議，須先與四格格言語，此電報不發。」

康德二年（一九三五）九月十日下午三點四十分，袁恒壽傳：四格格叫女理髮於十一日下午一點來府。隨問承宣課女理髮住所。馬延武言不知，又言：「每回汽車去接，問車房知道。」即通電車房，車房言知道。隨由袁恒壽回明四格格，是日派車去接。九月十一日下午一點十五分，接車房電話言：「赴大和旅館接女理髮，無有。」永惠又問：「來過女理髮住何處？」據馬延武言：「來過女理髮係在榮公館陳住胡同內。」即找袁恒壽回明四格格，派車去接。旋車房來電話：「汽車接女理髮，其房無人，不知搬至何處。」即找袁恒壽來回明四格格。

從《主上衣料簿記》上，見到皇后在康德元年（一九三四）的一年內做了許多衣服，現在光把旗袍一項，作成下面一個表：

三月十五　三九〇號　青地織金花衣料一件　做袷旗袍
三月廿一　三八六號　灰色毛葛衣料一件　做袷旗袍
　　　　　四〇七號　藍色毛葛一塊，計氏三碼一角　做袷旗袍
三月三十　四一九號　綠法國柳條毛葛衣料一件　做袷旗袍
四月三日　四一六號　青法國柳條葛一塊，計長二碼一角　做袷旗袍
四月八日　四三二號　雪青色日本衣料一件　做襯絨旗袍
四月十一　四二〇號　紫色法國毛葛衣料一件　做袷旗袍
四月廿一　四五二號　白裡紬一塊，計長八尺　做袷旗袍
五月三日　四二四號　藍法國柳條絨衣料一件　做袷旗袍
五月三十　三九二號　紅色花絲絨衣料一件　做袷旗袍
　　　　　三二三號　青紗地紅花絲絨衣料一件　做袷旗袍
五月廿一　三一七號　灰色印度綢繡花衣料一件　做袷旗袍
六月十三　四九七號　青地紅花喬奇（紗）衣料一件　做旗袍
　　　　　四九九號　淺黃色喬奇紗衣料一件　做旗袍
六月十五　五二六號　黃法國條綢一件　做單旗袍

六月廿五　五一二號　灰地紅藍花印度綢衣料一件　做單旗袍
　　　　　五一四號　青地織金花喬奇紗衣料一件　做旗袍
六月廿九　四一八號　白印度綢印花衣料一件　做單旗袍
七月二十　五五七號　白地印紅花玻璃紗衣料一件　做單旗袍
　　　　　五五八號　淺粉色織花玻璃紗衣料一件　做單旗袍
八月十日　四八三號　法國淺灰葛衣料一件　做單旗袍
八月二十　五七四號　織花綢衣料成件　做單旗袍
八月廿八　五六五號　紫色白花印度綢衣料二件　做袷旗袍二件　襯絨一件
九月十六　五七三號　絲絨衣料一件　做袷旗袍
九月廿八　五六六號　綠色素毛葛衣料二件　做袷旗袍一件
十月二日　　　　　　同上　做襯絨撖袍一件

溥儀自己雖娶了榮源的女兒，又把兩個妹子嫁給了榮源的兒子，溥儀做了滿洲國皇帝，榮源也因國丈的身分，授了勳二位，做了宮內府顧問大臣。可是溥儀和榮源，感情似乎並不好，據《記事簿》載：

康德五年（一九三八）二月十五日十一點半，榮源來云：今天係他生日，來給皇上行禮。上傳：「告訴榮源，今天很忙，不見他。」

竟給了榮源一杯閉門羹。實在榮源為人，確有不堪地方。例如老婆要和他離婚，竟告到了溥儀御前，下面便是老婆給溥儀的一封信：

皇上睿鑒：微臣生性魯鈍，罔習詩書。既無理家之才，復遭榮源之忌。二十餘年時在痛苦之中，隱忍應付，痛心實多。每思輸誠以感動，益覺意見之紛歧。命蹇運乖，挽救乏術。愧列宗枝，憂縈五內。以往情形，猶可勿庸追論，迺至最近兩年，榮源對臣情形，誠有人類所不堪忍受者，謹為吾皇上詳細陳之：夫人類生存一日，衣食住三者必不可免。請先言住，其所租之天津住房，臣出入本為傳舍，只因欠租累月，不特不能居住，且將視臣為債務人，箱櫃行李，儼成扣押之品。倚靠無門，彷徨失措，不得已，暫就母舅家借宿。清夜自思，成何境況？若非榮源忍心害理，何至令臣忍辱含痛，至此於極。衣食日常之需，臣向主儉樸，不敢稍涉華美。乃戚族慶弔，每以藍縷而規避；米麵食糧，恒望姊妹相饋遺。兩年經過，言之寒心。榮源則悍然不顧，視若仇讎，不通聞問。函電呼籲，口頭請求，一概置之不理。蓋欲絕我生路，置之死地而後已也。臣本當一死以報祖先，無如潤麒尚未成人，前途環境，冉冉堪虞。上年在新京相見，尚覺其孝思真誠，殊不忍以一身之事，貽後人之憂。再四思維，惟有訴於法律，與榮源對簿公庭。無論何國何地，皆有保障人權之專律。是以不揣愚昧，已向北平法庭起訴，請求析產別居，實屬萬不獲已之舉。區區苦衷，必蒙我皇上矜憐恕宥。微臣實不勝迫切惶恐之至。謹以奏明，伏惟皇上聖鑒。微臣恒香謹奏。又五月念八日。

這封信沒有年份，係夾在《溥傑三格格潤麒信》第四冊中，那些信是大同二年（一九三三）的，也許這也是大同二年間的事。據說離婚沒有成為事實，不過榮源在北平的財產，都給他老婆處分了。康德四年（一九三七），榮源又有一件和他兒子潤麒的交涉，先看溥傑給溥儀的報告：

今有一件驚天動地新聞，報告吾君：今早榮源來一信（與潤麒者），信皮上寫「潤中尉殿」，信後寫「榮源」，信內亦然，內中大如朋友之彼此寫信，絕不類父子口吻，有「吾亦不禁惶恐」等語。最妙者，有「為談此事便利起見，漸（係『暫』之誤）將吾輩家庭關係擱開，作為朋友」……更有稱潤麒為足下處，尚有「此馬本由吾用價購買，以送於足下者。將來足下回國，再另購一好馬奉送，絕不致誤。……果該馬為足下朋友所送，抑或〇〇御賜，則吾萬不敢如是之斗膽矣。亦更想不到足下為此事而多心生氣矣。……將來可另購賠償，籍讀不告而辦之罪。吾之祖父暨吾父殊開過眼界，如是百十元之馬價必不致於染指也」，末書「榮源復」等語。其原因為潤有一馬在榮源處餵養，榮遂賣之。其子潤氏向韓升大發雷霆，有「不勝髮指」之妙諭，故其父榮氏亦大發雷霆，致演出此父不父、子不子之怪劇也。此信因潤不在家，由莉莉打開，示於傑者。傑與莉莉皆且笑且讀，因太奇怪，故特秘將其中之「妙語」錄抄於上，真可謂天地之大，無奇不有也。（二月五日）

其後潤麒自己也有一個信給溥儀：

現有一件可怪之事，請上千萬勿告其他一人。英父對英去信不滿，激怒之餘，忽給英來一極恭敬之信，稱英為「中尉」，呼英祖父為「吾父」，可見已不認英為子矣。原因係英來時，將英之馬，經韓升託一商人代為飼養。後此人私自將該馬賣卻之外，尚要求飼養料。英怒其非禮，乃給韓升去信，令其代為責此人。不意英父觀此信，認為閒話，於是有是舉，何英之不幸也！（二月廿日，以上兩信並據《溥傑三格格潤麒信》第十冊）

或許溥儀就為這些原因，瞧不起老丈。聞蘇聯盟軍既入長春，榮源也被虜去了。

二六、墨餘小感

清朝二百六十八年的天下，興於攝政王（順治叔父多爾袞），亡於攝政王（溥儀本生父載灃），固是一奇；而由一位福建人（洪承疇）協助順治入關，又一位福建人（鄭孝胥）協助溥儀出關，也是一奇。

溥儀過去的一生，可說有三個時期：第一個時期是陳寶琛等要把他造成一位英明的皇帝，像他的祖先康熙和乾隆一般；第二個時期，莊士敦等要把他造成一位英國式的Gentleman；第三個時期，關東軍要把他造成一個日本式的傀儡。於是溥儀的最後一段生活，實包含著這三種氣息。

溥儀一生做了三次皇帝，第一次年才三歲，做了三年，是由慈禧太后撮弄而成；第二次年才十二歲，做了十三天，是由張勳撮弄而成。這兩次年紀都還輕，說不上自由意志，只好聽人家擺佈。第三次做皇帝，誠然也可說是由日本人和鄭孝胥等撮弄而成，但那時已二十九歲，是不是還只聽人擺佈呢？

溥儀在北平宮中時，因感受種種壓迫和束縛，曾一度想到天津，享受自由生活，已獲得英國駐華公使的協助，買好火車票，尤其弟溥傑陪伴同行，不幸為左右所發覺，多方攔阻而罷。乃後來到了天津，度了七年的自由生活，忽又自投羅網，再去做閉門天子，實在不可解。

日本手造滿洲國的一幕，必預有長久周密的布置，他們怎樣布置雖是一個祕密，日後也必會豁然顯露。我在這本書裡，先就鄭孝胥和羅振玉兩人怎樣參與這個祕密略為考索，已夠證明這件事實在醞釀了好多年。

鄭孝胥輩擁溥儀做滿洲國皇帝，認做復辟或中興，原只是想借日本人的力量，先在關外立定腳跟，再行入關。吾們在《海藏樓詩》中，常見他用「收京」字樣，便是指收復北京而言。而孝胥還想在收京後，重造他的海藏樓（〈十二月廿六日天未明〉「愚公欲移山，恃有子孫在。老夫當及身，移樓著人海」，自注：「於收京後，必更造海藏樓。」見卷十二，頁十九）。但在日本人看來，滿洲國的建立，並不就是清朝的回復或延續。他們不願溥儀再入關做大清國的皇帝，只要他做一個滿洲國的傀儡。滿洲國和華北，也就由日本人劃定山海關為國界。據說，孝胥之子一天對國務院總務廳長駒井德三說：「滿洲國好比一個小孩子，現在兩三歲了，也可讓他下地，自己學習走路了，為甚老是抱在懷裡，不放手呢？」駒井回敬了一記耳括子。這正可以說明雙方的心理。

在中國歷史上，每一朝興起，必把前一朝的子孫設法消滅，所謂斬草除根，免得再有人藉著名義造反。只有宋太祖對於柴世宗子孫、中華民國對於滿清，卻是例外。然而溥儀仍給張勳復辟了一次，又給日本人利用來製造一個滿洲國（《水滸傳》記柴進加入梁山泊，仍因他是柴世宗子孫，為大家所想借重）。

收留和豢養中國罪人或政府反對派，教他們和自己國家搗亂，這一種把戲似乎是大家歡喜玩弄的。譬如帝俄在同、光年間的西北變亂中，收容吾國的叛逆白彥虎，又幾次給他助力，教他侵入新疆邊境，希望不交或緩交伊犁，幾次交涉引渡，始終不肯。日本人的收容溥儀，也是一個例子。當然，現在和將來，這種把戲還得有。

民三十五年（一九四六）六月二十七日脫稿

血歷史150　PC0783

新銳文創
INDEPENDENT & UNIQUE

溥儀在滿洲國：《滿宮殘照記》

原　　著	秦翰才
主　　編	蔡登山
責任編輯	石書豪
圖文排版	楊家齊
封面設計	王嵩賀

出版策劃	新銳文創
發 行 人	宋政坤
法律顧問	毛國樑　律師
製作發行	秀威資訊科技股份有限公司 114 台北市內湖區瑞光路76巷65號1樓 電話：+886-2-2796-3638　傳真：+886-2-2796-1377 服務信箱：service@showwe.com.tw http://www.showwe.com.tw
郵政劃撥	19563868　戶名：秀威資訊科技股份有限公司
展售門市	國家書店【松江門市】 104 台北市中山區松江路209號1樓 電話：+886-2-2518-0207　傳真：+886-2-2518-0778
網路訂購	秀威網路書店：https://store.showwe.tw 國家網路書店：https://www.govbooks.com.tw

出版日期	2019年6月　BOD一版
定　　價	270元

版權所有・翻印必究（本書如有缺頁、破損或裝訂錯誤，請寄回更換）
Copyright © 2019 by Showwe Information Co., Ltd.
All Rights Reserved

Printed in Taiwan

國家圖書館出版品預行編目

溥儀在滿洲國：滿宮殘照記 / 秦翰才原著；蔡登山主編. -- 一版. -- 臺北市：新銳文創, 2019.06

面；　公分. -- (血歷史；150)

ISBN 978-957-8924-55-0(平裝)

1. (清)溥儀　2. 傳記　3. 滿洲國

627.99　　108007861

讀者回函卡

感謝您購買本書，為提升服務品質，請填妥以下資料，將讀者回函卡直接寄回或傳真本公司，收到您的寶貴意見後，我們會收藏記錄及檢討，謝謝！

如您需要了解本公司最新出版書目、購書優惠或企劃活動，歡迎您上網查詢或下載相關資料：http:// www.showwe.com.tw

您購買的書名：＿＿＿＿＿＿＿＿＿＿＿＿＿＿＿＿＿＿＿＿

出生日期：＿＿＿＿年＿＿＿＿月＿＿＿＿日

學歷：□高中（含）以下　□大專　□研究所（含）以上

職業：□製造業　□金融業　□資訊業　□軍警　□傳播業　□自由業

□服務業　□公務員　□教職　□學生　□家管　□其它＿＿＿

購書地點：□網路書店　□實體書店　□書展　□郵購　□贈閱　□其他

您從何得知本書的消息？

□網路書店　□實體書店　□網路搜尋　□電子報　□書訊　□雜誌

□傳播媒體　□親友推薦　□網站推薦　□部落格　□其他＿＿＿＿＿

您對本書的評價：（請填代號　1.非常滿意　2.滿意　3.尚可　4.再改進）

封面設計＿＿　版面編排＿＿　內容＿＿　文／譯筆＿＿　價格＿＿

讀完書後您覺得：

□很有收穫　□有收穫　□收穫不多　□沒收穫

對我們的建議：＿＿＿＿＿＿＿＿＿＿＿＿＿＿＿＿＿＿＿＿

＿＿＿＿＿＿＿＿＿＿＿＿＿＿＿＿＿＿＿＿＿＿＿＿＿＿

＿＿＿＿＿＿＿＿＿＿＿＿＿＿＿＿＿＿＿＿＿＿＿＿＿＿

＿＿＿＿＿＿＿＿＿＿＿＿＿＿＿＿＿＿＿＿＿＿＿＿＿＿

請貼
郵票

11466
台北市內湖區瑞光路 76 巷 65 號 1 樓
秀威資訊科技股份有限公司 收
BOD 數位出版事業部

（請沿線對折寄回，謝謝！）

姓　　名：＿＿＿＿＿＿＿＿　年齡：＿＿＿＿　性別：□女　□男

郵遞區號：□□□□□

地　　址：＿＿＿＿＿＿＿＿＿＿＿＿＿＿＿＿

聯絡電話：（日）＿＿＿＿＿＿＿＿（夜）＿＿＿＿＿＿＿＿

E-mail：＿＿＿＿＿＿＿＿＿＿＿＿＿＿＿＿